成功の秘密にアクセスできる

THE GALAXY CODE

ギャラクシー・コード

大野靖志 Yasushi Ohno

サンマーク出版

「ギャラクシー・コード」。
それは、ギャラクシー（銀河）の中心である
「ブラックホール」にアクセスするためのコード（暗号）。
本来の人間の力を目覚めさせ、
現実を創造する「神」となるコード。
この情報をインストールする覚悟は、
できていますか？

The Galaxy Code

［プロローグ］ **成功の秘密は、ブラックホールにあった**

読むだけで、「意識のパラダイム転換が起こる情報」をあなたへ

あなたは、いま出会いました。
これから訪れる時代に成功するためのまったく新しい概念に。
長らく隠されてきた「秘伝中の秘伝」に。

この本には、あなたの人生を根本から変えてしまう情報が書かれています。
その情報のカギは、宇宙のブラックホールにあります。

私たちが、意識の中でブラックホールにつながると、新たな脳の領域が活性化され、また眠っていた遺伝子が目を覚まします。そして、**自分の望む現実をみずから創**

造できるようになるのです。

そればかりではありません。たくさんの先祖や神々の応援を受けて、**どんなに世情が変わっても、確実に成功できる力を得られます。**

その方法を、この本ではお伝えしていきます。

そう、いまあなたが予感しているように、これから私が語ろうとしている内容は、いままで信じられてきた価値観や常識の枠から、大きくはみ出しています。

「価値観が変わる」という言葉がありますが、価値観が「ひっくり返る」ような変化が起きるといっても過言ではありません。

まさに、多くの人の意識にパラダイム転換を起こす情報になります。

「まさか、ありえない」と感じる人もいるでしょう。それは、当然の反応です。

しかしいつの時代も、行き詰まった状況を打破してきたのは、一見非常識とも思えるまったく新しい概念でした。

いま、3000年に一度の大きな時代の変化が訪れています。

これまでの古い生き方は通用しない時代が到来しました。

しかも、変化はまだ序の口です。社会のシステムが大転換する時代、いってしまえば、文明そのものが変わる時代が始まったのです。

そんな時代だからこそ、明かせるようになった古神道の教えがあります。

それも単なる「古代の叡智《えいち》」ではありません。**現実生活で使い、成功していくためにいにしえの教えを最先端の科学と融合させました。**

「成功」とひとくちにいっても、その概念もこれからは大きく変わります。

私がこの本でお伝えする成功とは、自分自身の「言葉」で、物事を現実化する力を手に入れることです。

それも、自分ひとりのためだけではなく、周囲の人や世の中全体もよくなるため。

いわば「公」のために。

本来の力を目覚めさせる「ギャラクシー・コード」

もしかすると、「いまの自分には、そんな力などない」「人間がそんな力をもっているはずがない」と感じるかもしれません。しかし、いまは気づいていないだけで、**私たちには、まだ使えていない「意識の場」が存在します。**

その領域を使うことで、どんな問題も解決できる。それに留《とど》まらず、どんな現実も創造できる。人間は、その力をもっているのです。

あなたが本来もっている力を目覚めさせるために、これから明らかにしていくのが、「ギャラクシー・コード」。

私たちの意識が、ギャラクシー（銀河）の中心であるブラックホールにアクセスするためのコード（暗号）です。

ブラックホールというと、得体の知れない謎の空間だというイメージがあるかもしれません。

しかし実際は違います。**そこは、私たちの魂が生まれた場所であり、あらゆるものを創造する成功のカギがある場所です。**

そして、ギャラクシー・コードを使えば、その銀河の中心と瞬時につながることができるのです。

なぜ、太陽系を超えて、はるか彼方《かなた》にある銀河の中心とつながれるのか。

そして、なぜそれが人間本来の力を呼び覚ますことになるのか。

この本では、その謎を解き明かし、新しい時代を迎えたこの現実世界で成功していくための秘策をお伝えします。

けっしてむずかしいものではありません。

その概念さえつかめば、現実を創造する力を使えるようになる。**つまり、私たち一人ひとりが創造者である「神」にもなれるのです。**

そのことを思い出していただけるよう、できるだけわかりやすい言葉でお伝えしていきます。

世界最高峰の技術を提供する中で見えてきた未来

この本でお伝えするのは、代々の天皇だけに受け継がれ、一般には秘されてきた概念と秘儀。本来であれば、天皇しか知りえなかった情報です。**もし、100年前、いや数十年前であれば、絶対に世に出ることはなかったでしょう。**

本題に入る前に、本来であれば「秘中の秘」として守られてきた情報を、なぜ本という形で公開することにしたのか。そして、なぜ私がその秘伝についてお伝えできるのか、簡単にお話しします。

私は、白川神道の正式な継承者である七沢賢治先生から直接指導を受け、現在、一般社団法人白川学館の理事として、その教えの普及に努めています。

白川神道とは、平安時代から江戸時代まで800年、宮中で天皇のおこなう祭祀《さいし》を、唯一、司《つかさど》ってきた白川伯王家の神道です。よく〝古神道〟といわれるものの一派です。

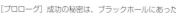

明治時代になり、宮中祭祀からは退きますが、教えはいまも七沢先生に受け継がれ、**オンラインも含めれば、累計10万人もの方がその薫陶を受けています。**

白川学館の特徴は、**公的機関を含む国内外の組織と提携し、最新テクノロジーを駆使して、現実創造のシステムを開発していることです。**

言葉のもつ周波数（言霊《ことだま》）を利用して、現実創造する装置や空間を清浄化する装置、また、宇宙空間で体の不調を整える音響装置などを開発し、これまで多くの科学者や企業の注目を集めてきました。

毎年おこなわれてきたシリコンバレーの展示会でも、私たちの研究や製品は、世界最高峰の研究者たちに高く評価されています。

最近では、特殊な酵素を活用して、ウイルスの感染を予防するスプレーを開発。郵送料のみで4万本を配布し、多くの方に喜ばれました。

そのような実績を社会に役立てるため、私たちはこれまでに、国際機関や各国の政府中枢部、各界の要人からも求められ、さまざまな技術を提供。**そのつながりの中**

で、今後の社会情勢についての重要な「一次情報」を入手してきました。

激動の時代を迎えたいま、ネットにはさまざまな情報があふれています。しかし、他者からの伝聞をもとにした二次情報、三次情報がほとんどで、本当に信頼できる情報は、ほぼないといっていいでしょう。

そんな状況の中で、当事者から得られる一次情報ほど貴重なものはありません。

幸いなことに、私たちは、政府や主要機関の当事者から直接情報を入手できます。そして、それらの情報を独自に分析した結果、ある結論に至ったのです。

いま社会のシステムはとうとう限界に達し、地球に危機的な状況が訪れている。3000年続いたひとつの文明が終わりを迎え、新しい文明への転換が迫られている。

一人ひとりが本来の力を取り戻し、調和の取れた世界へと移行するには、私たちが継承し磨き上げてきた秘伝を公開し、世に問うしかない、と。

世界の富裕層は宇宙に移住を始めている

なぜいま、文明の転換が求められているのか。

そこには、人類が抱えているさまざまな問題があります。たとえば、気候変動、経済格差、金融崩壊の恐れ、紛争、エネルギー資源の枯渇……。

私たち現代人に課せられている緊急の問題は、枚挙にいとまがありません。

その中で、地球の命運を決めるといっていいほど重大でありながら、**一般の人にはほとんど知らされていない重要な課題が2つあります。**

ひとつは、数十年以内に地球に激突する可能性が高い彗星《すいせい》の存在です。

あなたは、「そんなSF映画みたいな話があるわけない」と一笑に付すでしょうか。しかし、それは早計です。

NASAはひた隠しにしてきましたが、私たちが生きている間に彗星が地球に衝突するという情報は一部流出しています。そして、それを裏づける動きがニュースで流れています。

あなたも、イーロン・マスクやジェフ・ベゾスなどの資産家が、火星に向けてロケットを飛ばす実験をしているというニュースを見たことがあるのではないでしょうか。彼らの他にも、**アメリカの高官や富豪たちによる火星移住計画は、すでに現実のものとして着々と準備が進んでいるのです。**

にわかには信じづらいかもしれませんが、なぜ私たちがその情報を知っているか、そして緊急度がどのくらいなのかは、本文でお伝えすることにして、ここでは、もうひとつの差し迫った問題についてお伝えしましょう。

それは、地球の地軸がずれる「ポールシフト」です。

いま、北磁極の位置が何らかの原因によって急速にずれはじめ、このまま進むと、大きな地殻変動やインフラ崩壊が起きると予測されています。

これも、杞憂《きゆう》ではないかと思うかもしれません。

しかし、２０１９年の調査によると、地球ではこれまでに10回以上のポールシフトが起きていたことがわかっています。

まさに、地球レベルの危機が、私たちの生きている間にやってくる。

彗星やポールシフトの問題だけでなく、災害や戦争、資本主義システムの崩壊も、現実問題としてすぐそこに迫ってきている。人類は、そんな状況の中にあるのです。

本物の情報をつかめた人が未来を創造できる

いまお伝えした2点だけでも、かなりショックな内容だったかもしれません。

しかし、けっして非科学的な妄想ではありません。

これらの事実は、各情報機関によってインターネットでも公開されているので、もし興味があればチェックしてみてください。

いずれにせよ、先ほどお話しした社会状況も合わせると、世界がほころびはじめているのは明らかです。

ただし、誤解しないでいただきたいのですが、私は不安をあおったり、脅したりするために、この危機的状況をお伝えしているのではありません。

ここで、押さえていただきたいことがあります。

まず、状況は臨界点に達しつつあるが、今後起こりうるとされる事態を防いで、地球を存続させていくのは可能だということ。

そしてそのために、**私たちが本来もつ能力を発揮して個人レベルで成功し、人類の未来を創造していく必要があり、いまがその大チャンスであるということです。**

要するに、明らかに崩壊する可能性が高い未来が待っているとしたら、本来私たちがもっている叡智を思い出せばいいのです。

そしてそのための手段が、これからお話しするギャラクシー・コードなのです。

はじめてこの概念に接したいま、あなたは、「本当だろうか」と感じているでしょうか。否定的な感情や「そんなわけないだろう」という感覚こそ、これまでの文明で、「だまされてきた」部分です。

特に、同調圧力の高い日本では、周囲と同じ考え方や生き方でないと受け入れられないことが当たり前となっています。

しかし、**この本を手に取ったあなたは、「何かおかしいな」と感じているはずです。**

そして、その感覚は正しいのです。数年後には、地球の文明は完全に変わっているでしょう。

現在、世界にはまだニセモノの情報があふれ、おおぜいの人が右往左往していきます。

その中で、**本物の情報をつかめた人とそうでない人には、天と地ほどの差が出る。これは、明らかです。**

「自分は、何かを実践するのが苦手だ」という人も心配ありません。

新しい概念、そして、世界の「真実」を知ってもらうだけで、新たな脳の領域が刺激され、あなたの能力は自動的に上がります。

ましてや、本気で取り組んでもらうと、驚くべき成果が出てきます。

頭で理解しようとしなくても大丈夫です。

新しく知るのではなく、自分が「神」だということを思い出すのです。

そのつもりで、リラックスして受け取ってください。

「雷風恒」が表すこれからの世界

白川神道では毎年正月、七沢先生が易によって1年の「卦《か》」を出します。

その年がどんな年になるのかを予測します。

手前味噌《みそ》になりますが、特別な手順によって立てられる易では、ほぼ100％正確な情報が得られます。


2020年は「雷風恒《らいふうこう》」という卦が出ました。

一言でいえば「真理の時代の幕開け」。

さまざまな災害や経済的・政治的問題（雷風）が起きるかもしれないし、価値観を一変させるような事態も起こりうるが、それはすべて真理（恒）が花開く前触れであるという意味です。


いうまでもなく、2020年は、新型コロナウイルスによるパンデミックで、世界中の政治や経済が大混乱し、私たちの価値観も生活のあり方も大きくゆらぎました。
それは、人類が真理に目覚めるためのきっかけに過ぎなかったのです。

私たちが易を立てるのは、それに頼るという意味ではなく、あくまでも世界情勢を読み解くためです。

個人レベルでいえば、もう、どんな予言も成功法則も必要ありません。

なぜなら、これからはあなたの発する言葉で、淡々と現実が創られていくからです。

正直にいえば、著者である私自身も、「本当にここまで公開していいのだろうか」という戸惑いがないわけではありません。

しかし先ほどからお話ししているように、抜き差しならない時代の要請があり、公開に踏み切りました。

私自身、まだ修行中の身ではありますが、白川神道の系譜を受け継ぐ者として、ギャラクシー・コードを解き明かすこの旅にあなたをお連れすることができて、武者震いしています。

ブラックホールまでの旅、あなたの古い概念を根本から覆し、みずからの手で真の成功を創り出す旅が始まります。

３０００年に一度のチャンスをつかんでください。

装丁・本文デザイン：冨澤崇（EBranch）
本文DTP：朝日メディアインターナショナル
編集協力：江藤ちふみ
株式会社ぷれす
編集：金子尚美（サンマーク出版）

成功の秘密にアクセスできる

ギャラクシー・コード

CONTENTS

The Galaxy Code

「プロローグ」 成功の秘密は、ブラックホールにあった

The Galaxy Code

1章 CHAPTER 1

もう、支配される「太陽系文明」は終わり。一人ひとりが神となる「銀河系文明」へと旅立とう！

The Galaxy Code

2章 CHAPTER 2

あなたの常識を覆すブラックホールの正体とは？ギャラクシー・コードの神髄を大公開！

The Galaxy Code

3章 CHAPTER 3

世界の裏側を知り、真の歴史を学び、人間本来の力を取り戻そう

The Galaxy Code

4章 CHAPTER 4

これが、ギャラクシー・コードのカギ！ わずか8文字「とほかみえみため」

The Galaxy Code

5章 CHAPTER 5

さあ、ギャラクシー・コードを起動させ、ギャラクシアン（銀河人）になろう！

［エピローグ］ **ギャラクシアンの成功法則**

The Galaxy Code

1章 CHAPTER 1

もう、支配される「太陽系文明」は終わり。一人ひとりが神となる「銀河系文明」へと旅立とう！

ポールシフト、彗星接近、金融崩壊、紛争……いま世界で何が起きているのか

2020年は、私たち人類にとって忘れえぬ年になった——。

このことを否定する人は、もはやいないでしょう。

新型コロナウイルスの登場によって、私たちの生活は大きな方向転換を強いられました。しかし、これは変化のきっかけに過ぎません。

資本主義システムの限界が表面化し、今後、お金の価値も、幸せの定義も、人生の意味も、180度変わります。

「成功」に対する概念も、もちろん例外ではありません。真の意味で能力を発揮し、望む現実を創るためには、これまでの常識や概念、思考、知識にとらわれることなく、生き方そのものをアップデートする必要があります。

この新時代でいち早く先を見通し、あなたの本当の力を目覚めさせ、成功していく。

それがこの本の目的であり、ギャラクシー・コードの到達点です。

ギャラクシー・コードを自分のものにしていく基礎作りとして、1章では、まず「いま、世界で何が起きているのか」を見極めることから始めていきます。

地球に訪れている危機の象徴的な例として、プロローグで彗星《すいせい》衝突とポールシフトの問題を紹介しました。

火星へロケットを飛ばすなど、「金持ちの道楽だ」と思ったかもしれません。

しかし道楽どころか、彼らはいたって本気です。その証拠に、彼らが開発しているのは探査機などではなく貨物船、いってしまえば「人が乗れるロケット」です。

なぜ私が、この情報を知っているのか。**それは、私たちの研究所が移住用ロケットで使う「ベッド型の音響システム」を依頼されたからです。**

長期間、宇宙に滞在すると、体力の低下や体調不良、骨密度の減少などが問題となります。私たちはそれを防ぐ音響技術を開発しました。そのことを聞きつけたロケット開発機関のエージェントから打診があったのです。

ちなみにNASAは、建前上は宇宙開発のための組織ですが、じつは、地球に衝突する彗星を研究するのがもっとも大きな目的であり、彼らは大きな危機感をもって研究を進めています。

NASAの情報を知った一部の特権階級が、巨財を投じて火星への脱出を目論《もくろ》んでいるというわけです。いうまでもなく、現時点で地球にはもういられないと判断しているからです。

彼らがそう考えるもうひとつの理由が、ポールシフトです。

これまでの調査では、北磁極は1日30メートル以下移動するだけで済んでいました。**ところが、2019年の調査によると、1年で55キロメートルも移動していたことがわかったのです。**

しかし、南極の位置は動いていないので、地軸がゆがんだまま回りつづけている。しかも、そのゆがみは加速度的に増えている。それが現在の地球です。

これが何を意味するのか。地軸のゆがみが特異点に達すると、地殻変動が起こる可能性があります。場所によっては、沈む大陸もあるといわれています。

さらには、南極（N極）と北極（S極）が反転し、それに伴って大災害やインフラ崩壊、人体への多大な影響が発生する可能性があるのです。

山梨県の乙女鉱山からは、水晶の渦巻き（偏光板を使うと見える）が右回りと左回りを14回繰り返したものが見つかっています。これは、地球の大きな変化が少なくとも、その数だけあったことを示しています。

新たな時代は、現在の文明の延長線上にはない

いまの段階では、まだ「まさか」と思うでしょう。

しかし、その「まさか」が、これからどんどん増えていきます。

もちろん、予測が外れれば、それに越したことはありません。でも、もし予測が当たればどうなるか。どんなにこの人生で「成功」しても、タイタニック号のように母体が沈んだら元も子もありません。

しかし、福音があります。**いま多くの人が、「何かがおかしい」と気づきはじめ、世**

界の状況を「自分ごと」として考えはじめています。あなたも、きっとそのひとりでしょう。

この危機が新しい時代を築くチャンスであることは、すでにお話ししました。

では、この危機を脱するには、あるいは軽減するにはどうしたらいいか。

その答えが、これまでの延長線上にないことは確かです。

この時点でまず大切なことをお伝えします。

それは、未来に対する恐怖や不安をもたないことです。

恐怖心や不安があると、人間の免疫力は低下します。

それだけではありません。世情が不安定になり暗いニュースが増えると、人はそれに影響を受け、無意識のうちに望まないストーリーを思い描いてしまいます。

すると、どうなるかというと、その通りの未来を創り出してしまうのです。

しかし逆にいえば、望むストーリーをイメージし、さらに、ギャラクシー・コードを使って言葉にしていけば、思い通りの人生が展開していきます。

ですから、けっして悲観せず、人生を変える絶好の機会だと捉えていただきたいのです。

“鎖でつながれたゾウ”のように生きていませんか？

これからお話しすることは、すでに始まった激動の時代において成功していくために、欠かせない大切な概念です。ですから、少し過激な表現かもしれませんが、はっきりと言います。

これまでつちかってきた古い概念をいったんすべて捨て、この情報を受け取ってください。**ただし、いまの「常識」からはかなり逸脱しています。**

そもそも、「概念」とは何かといえば、「考え方」や「一定の理解」、ある物事が示す「意味」などが一般的な答えでしょう。

しかし概念には、私たちが気づいていない性質があります。

概念とは、「自分を動かしているもの」であり、「自分そのもの」なのです。

私たちは、性別や年齢、経歴、嗜好や性格など、「自分は○○な人間だ」という概念をもち、それをもとに行動しています。

また、「今日は○○をしなければならない」「この電車は、目的の駅に行ける」などの情報に基づいて動いていますが、この情報も概念と言い換えられます。

誰もが、自分固有の概念（情報）をもっていて、その情報によって動かされている。

逆にいうと、**個人の肉体を動かしているのは、その人固有の情報、概念である。**これは間違いないはずです。この事実を大胆にいってしまえば、「私たちは情報そのもの。概念そのものである」というわけです。

この理解の上に立つと、ひとつの事実が浮かび上がります。

自分のもっている概念（情報）が、自分自身の限界を決めているということです。

「自分の能力はこの程度」「私に理解できるのはここまでだ」「世の中とは、こんなものだ」……など、どんな内容であったとしても、自分が考えた結果が現実となって現れる。つまり、みずからがもつ概念の限界が、そのまま自分の限界になるのです。

この事実を象徴的に表すエピソードがあります。有名な話ですから、あなたも耳にしたことがあるかもしれません。

鎖につながれて育ったゾウは、大きくなって鎖を引きちぎる力がついても逃げようとはしません。なぜなら、自分は無力だと思い込み、自分の動ける場所は鎖でつながれた範囲だけだと信じているからです。シンプルですが、ドキッとする話です。

では、人間はどうでしょう。

生まれてから今日まで、私たちは、親や教師、マスコミなどから、あるいは、自分自身の経験から、さまざまな概念を植えつけられました。

本当は、とてつもない可能性を秘めているのに、鎖でつながれたゾウのように生きている。そんな人は多いのではないでしょうか。

あなたが現実を創造する「神」

これまで私たちは、概念のもつ重要さについてほとんど無頓着でしたから、ある意味、仕方ないことでしょう。

しかし、概念が変われば、人間は変わります。

また、たとえなじみのない概念であっても、いったん世に出れば、それは新たな情報として、受け入れられていくこともわかっています。

たとえば、つい数年前まで、日本人が１００メートル９秒台で走るのは、極端にいえば「夢のまた夢」でした。

ところが、２０１７年に桐生祥秀選手が9・98秒という記録を出した。すると、あっという間に２人の選手が続いて９秒台の記録を出しました。

これは、日本人選手の運動能力が急激に向上したからではありません。

「日本人も9秒台で走れる」という概念が生まれたからです。

あるきっかけによって「概念」が変われば、変化は自然に起きていく。これが、真理なのです。たとえば、天動説が地動説に変わったようにです。これが、歴史の証明する真理なのです。

しかも私たちは、自分の意志で新しい概念をインストールできます。

ただし、古い概念を握りしめたままでは、新しい概念を入れることはできません。コップに入った古い水をすべて捨てなければ、新鮮な水は飲めないのです。

時代は変わりました。過去の古びた概念は思い切って捨てましょう。そうすることで、**人生を一変させる新しい概念があなたの中に入ってきます。**

私自身を振り返ってみると、白川神道の教えを学ぶようになったあと、それまで長年信じてきた概念を捨てるのは抵抗がありました。

現在に至る経緯について少しお話しすると、以前の私は、神社に行くこともなく、神道にもまったく興味のない人間でした。

しかし偶然の導きで白川神道の教えに出会い、言霊《ことだま》がその通りの現実を創ることを何度も体験し、もっと本格的に学びたいと入門したのです。

ところが、その後の数年間は完全なる劣等生でした。教えを学べること自体は幸せだったのですが、「なぜ自分は成長できないのだろう」と自己嫌悪のかたまりでした。

しかしあるとき、**それまでもっていた世間的な常識や固定観念を捨てると決めたのです。すると、驚くような景色が見えてきました。**

5章でお話しする実践によって、どんどん現実が変わりはじめたのでした。

人は概念を変えれば、ここまで進化するのだと実感した経験でした。

いま思えば、一般的な概念はあったものの、「神道とはこういうものだ」という思い込みや先入観がなかったことがよかったのかもしれません。

どんなに研鑽《けんさん》を積んでも、どれほど投資して勉強を重ねても、あるいは、どれほど尊敬するメンターの教えを受けても、私たちの根底にある概念が変わらなければ、人間という存在は進化できません。

きつい言葉になりますが、それらの努力はこのことを知らなければ、すべて時間の無駄になるといわざるをえないでしょう。

しかし、概念さえ変われば、人はどんどん進化できます。

現段階で、このことをしっかり理解してください。

ギャラクシー・コードは、既成の概念を超越しているからこそ、これからの時代に役に立つのだと私は自負しています。

では、どうしたら古い概念を取り払い、概念のサイズを爆発的に広げられるのか。

むずかしくはありません。

あなたが「そうする」と決めればいいのです。

なぜなら、あなたが現実を創造する「神」だからです。白川神道ではそれを「神人一如」と表現します。神の一部が入っているのでもなく、神から分かれた存在でもなく、あなた自身が神のごとき存在だということです。

もちろん現段階では、戸惑いや抵抗を感じるであろうことは予想できます。

まずは、「そういうものかもしれない」と受け止め、あなた自身で検証するつもりで、ここから先を読んでいってください。

宇宙の歴史から見れば人類の歴史はほんの一瞬

ここから、大宇宙の中の銀河系と太陽系、そして、私たちの住む地球の関係を整理してみましょう。

この関係をインストールする作業は、あなたの脳に変革を起こすためのさらなる準備となります。

広大な宇宙の中には、さまざまな恒星や惑星、宇宙塵などが集まって形成する「銀河」が多数存在します。

２０１６年の研究によれば、宇宙には２兆もの銀河が存在すると報告されています。私たちが住む地球は、その中の「天の川銀河」と呼ばれる銀河の「太陽系」に存在します。

天の川銀河（以下、銀河）には、太陽のような恒星が２０００億個以上存在するといわれています。

銀河の大きさは端から端まで10万光年。その中で地球は、自転を繰り返しながら、太陽の周りを1年かけて公転しています。

では、太陽が銀河を一周するのにどのくらい時間がかかるかご存じでしょうか。**およそ2億6000万年です。**銀河のとてつもない大きさをイメージしていただけるでしょう。

次に、宇宙の歴史をさかのぼってみます。

ブラックホールから宇宙が生まれたのは、約137億年前といわれています。銀河の誕生は、およそ133億年前、地球が生まれたのは、47億年前です。

銀河は、宇宙と同じくらい時間を経ているわけです。

太陽系の惑星に住む私たちの意識は、ふだんは身の回りやせいぜい地球上の事象にしか向いていません。あるいは、せいぜい月や太陽、火星や金星など、身近な星に意識が向けばいいほうです。

しかし、銀河や宇宙のサイズ感は、比べものにならないほどのスケールだと気づいていただけると思います。

気の遠くなるような時間の中で、人類はどんなタイミングで登場したのか。

20世紀を代表する天文学者カール・セーガン博士が作った「宇宙カレンダー」に当てはめてみます。

宇宙誕生から現在までを1年として計算すると、キリスト誕生（西暦1年）は、12月31日23時59分55秒です。**そして、およそ137億年という宇宙の歴史を1年に換算すると、人間の一生（80年）はわずか0・184秒に過ぎません。**

その壮大な歴史から見れば、人類はほんの一瞬、宇宙の辺境に現れた存在に過ぎません。このスケール感を意識しながら、これからの話を読み進めていってください。

いまこそ「太陽系文明」から「銀河系文明」へシフトのとき

では、いま私たちが生きているのは、どんな文明でしょうか。

のちほどくわしく説明しますが、まず簡単に説明すると、これまでの世界は、およそ3000年前から続いてきた「太陽系文明」の中にありました。

太陽系文明は、文字通り太陽を中心とする文明です。

日本人の私たちは、資本主義社会の豊かな生活を享受してきましたが、その本質を見れば「支配する者」と「支配される者」に分かれます。それが太陽系文明です。

しかし、3000年以上前に歴史をさかのぼっていくと、地球には支配者も被支配者も存在しない時代が存在しました。

それは、**人間が銀河につながり、テレパシーや超能力を使えた「銀河系文明」の時代です。旧石器時代、縄文時代に続いていた文明です。**

人類は、これまでの太陽系文明の考え方や社会のあり方から、その銀河系文明へと変わる必要に迫られています。

銀河系文明を知るために、縄文時代を振り返ってみましょう。

近年「縄文ブーム」といわれ、生命力と創造性にあふれた縄文土器や土偶、その生活様式などが話題になっています。

でも、その本質はまだ一般的には知られていません。

銀河とつながりさまざまなパワーを発揮していた時代があった

銀河系文明（縄文文明）の特徴を大まかに整理すると、3つあります。

①自分と他者との区別があいまいで、財産や食糧などの「共有」が当たり前

たとえば、土器や宝石などの余剰分は村の寄合所のような場所で管理され、使いたい人が使いたいときに、自由に持ち出せるしくみになっていました。現代でいえば、余分なお金を公民館のような公共の場にプールして、誰でも使えるようにしているようなものです。

過剰な欲望や「自分さえ潤えばいい」という利己的な意識はなく、他者との奪い合いもない。皆で分かち合うことに喜びを感じ、他者のために行動することが当たり前の世界でした。

②支配する者もされる者もなく、誰もが真の意味で「平等」

銀河系文明には、支配する側もされる側も存在せず、それぞれが自立しながら、フラットな関係でつながっていました。

上下関係はなく、単に各人の「役割」があるだけで、「王」はその人の威光を受けて、それぞれの文化や民族において人民の意志で奉る。そんな社会でした。これを「皇道《こうどう》文明」と呼びます。

古代ギリシャに「イソノミア」という概念があります。これは、社会的地位や出自に関係なく、人は皆平等であるとする思想で、「無支配」を意味します。このイソノミアと同じ概念を、古代の日本人はもっていたのです。

ちなみに、伊勢神宮は別名「イソノミヤ」ともいわれますが、一説によると、古代ギリシャと日本はつながっていたとされています。

そして、この最後の銀河系文明の特徴がもっとも重要です。

③誰もが「自分が銀河とつながっている」という意識

銀河とつながっているとは、一言でいうなら「現実を創造する力」があることを意味します。銀河と現実創造の力については、2章でお話しします。現時点では、先人は「自分自身が現実を創る創造者である」と知っていたのだと捉えてください。

現代にも、銀河系文明で生きていた当時と近い生き方を継承している人たちがいます。オーストラリアの先住民族アボリジニです。

彼らは、5万年以上前からこの地球に存在したといわれ、自然と深く結びつき、独特の文化と伝統を受け継いできました。

一説によると、「宙に浮くことができた」とも「意図するだけで、飛ぶ鳥が落とせた」ともいわれていますが、これは単なる伝説ではありません。

銀河とつながり、そのエネルギーを使えば、誰でもできることなのです。

そうはいっても、現代社会で生きる私たちにとっては、宙に浮いたり鳥を落としたりすること自体に、意味があるわけではありません。

人間の限界を超えた力を発揮できる可能性がある。そう気づくことに意義がありま す。「自分はここまでだ」と思い込んでいる限界を本当は軽く超えられる。アボリジ ニの存在は、それを証明してくれているのです。

人類が、アボリジニと同じ感覚を失って久しいです。しかし、銀河とつながれば、 制約された能力を一気に飛躍させることができます。

文明が大転換することはわかっていますから、これから成功していくには、アボリ ジニの感覚を取り戻していけばいいともいえるのです。

「支配する者」と「支配される者」が生まれた太陽系文明

このような銀河系文明は、およそ1万6000年前から3000年前まで続きまし た。

ところが3000年前、地球に危機が訪れ、銀河系文明は崩壊します。彗星や隕石《いんせき》が多数衝突して天変地異が起こり、犠牲者が多く出たのです。

その後、新たに作られたのが太陽系文明でした。

太陽系文明は、先ほどお伝えした通り、太陽を中心とする文明です。

たとえば、エジプト文明をはじめとして、ギリシャ文明やローマ文明、マヤ・アステカ文明など、太陽神を信仰する文明形態が、3000年前から次々と発生したのです。

太陽系文明の大きな特徴は、それまで平等だった人間が、「支配する者」と「支配される者」に分かれたことです。これを「覇道文明」といいます。

銀河系文明と太陽系文明の決定的な違いをお教えしましょう。

銀河系文明では、「人間」が神であり、創造主であると考えました。

しかし、太陽系文明では、「太陽」が神であり創造主だと捉え、無力な人間は神に従わなければ生きていけないと教え込まれました。

民が「神」であった時代が終わり、武力や富をもつ者が権力を握って支配者とな

The Galaxy Code

銀河系文明と太陽系文明の違い

銀河系文明（皇道文明）

・支配者も被支配者もいない
・富や豊かさを分かち合う
・自分自身が「神」（創造者）であると知っている

太陽系文明（覇道文明）

・支配者と被支配者がいる
・富や豊かさは支配者層が独占する
・太陽（神）を崇《あが》める

り、「もたざる者」を牛耳る時代、太陽系文明が始まったのです。

「逆吉」で自分の世界を変え、新時代の文明に突入

念のためにお伝えすると、太陽を信仰すること自体に問題があるわけではありません。太陽は地球に恵みをもたらすものであり、必要不可欠な存在です。

ただし、**太陽を神として崇拝させ、「人間は神の支配を受ける存在である」と思い込ませたかった者たちの道具とされた。**これが問題なのです。

また、私はこれまでの歴史が間違っていたとお伝えしたいわけでもありません。

太陽系文明とは、人類が次の文明に移行するための大事なステップでした。

しかし、3000年続いたこの文明は終焉《しゅうえん》を迎えています。

その引き金として登場した新型コロナウイルスは、私たちの生活を一変させたゆゆ

しきものである反面、**これまでのしくみをいったんリセットするチャンスだとも感じています。**

国難ともいえる状況の中で、このような言い方をすると、お叱りを受けるかもしれないのは重々承知です。しかし、限界を迎えているいまのシステムを変えて進化するには、このくらいインパクトが必要だった。そういえるのかもしれません。

ちなみに、このウイルスは、その形が王冠に似ていることから、ギリシャ語で王冠を意味する「コロナ」の名前を取ってつけられました。また、コロナは「太陽の光輪」も意味します。

太陽系文明の終焉を決定づける要因となったウイルスに、このような名前がつくとは非常に象徴的なことではないでしょうか。

とはいえ、私たちは現代文明の物質的な豊かさを享受してきましたから、「このまま、この時代が続いてくれればいい」という思いが浮かぶ方もいるかもしれません。

その気持ちは察しますが、明らかに時代は新たな文明に突入しています。

ですから**このタイミングで、太陽系文明の結末をしっかり意識してください。**

そうすれば、次にやってくる銀河系文明へとジャンプするきっかけを、グッと引き寄せることができるのです。

私たちは、自分がいつも見ている目線でしか物事を見ることができません。

しかし、椅子から立ち上がっただけでも視界が変わり、見えるものも変わります。

ましてや、ビルの屋上や富士山の頂上、あるいは、大気圏外まで目線を移したらどうなるでしょう。

同じ地点に立ちながらも、目線を上げていくだけで、見えるもの、つまり理解できるものはガラッと変わります。この視点の変化を感じてみてください。

古神道には「逆吉」という考え方があります。

一見、不幸に見える出来事や逆境に思える状況が転じて、吉になるという考え方です。現代は、振り子の針がマイナスに振り切っている状況です。

それをプラスの方向に動かすのが、古神道に受け継がれてきた教えです。

そして、その変化はまず、あなた自身の人生を「大吉」へと変えることから始まるのです。

あなたがギャラクシー・コードで成功できる理由とは？

ギャラクシー・コードのミッションは、人間という存在の能力を「全開」にすることにあります。

3000年にわたる太陽系文明、つまり「支配する者」と「支配される者」が明確に分かれる覇道文明の中で、私たちは「自分には力がないのだ。自分たちの能力はこれが限界だ」と思わされてきました。

努力によって多少成長することはあっても、それはつながれた「鎖」の範囲内でしかありませんでした。

覇道文明の中で、支配体制を維持するにはそのほうが都合がよかったわけです。

しかし、「自分はこの程度」という認識は、完全な勘違いです。

脳科学の世界では、人間の脳は4％程度しか使われていないといわれてきました。でも実際に4％も使えていたのは、アインシュタインのような天才くらいで、普通の人はもっと低いと私たちは考えています。

太陽系文明のしくみの中にいるかぎり、どんなにがんばってもその能力を伸ばせる範囲は数％か、それ以下でしょう。

けれども、**ギャラクシー・コードを使って銀河の中心にアクセスすれば、現段階では考えられないような能力を発揮することも不可能ではなくなります。**

日本の特殊部隊の驚くべき意識進化

超人的な能力のひとつにテレパシーがあります。

テレパシーの存在については、昨今、脳科学でも解明されつつありますが、じつは、その能力に関しては自衛隊の特殊部隊が世界のトップレベルにあると聞いたことがあります。

日本の特殊部隊の隊員が、他国との共同訓練中にテレパシーを使ったとしか思えない実績を上げて、驚きと賞賛を浴びているというのです。

くわしい訓練内容はここでは明かせませんが、日本のチームがお互いの考えを瞬時に読み合って作戦を遂行する能力は、人間の領域を超えているそうです。

身内の話で恐縮ですが、私たちの研究所のメンバーも似たような意識進化を遂げています。

チームメンバーの意識が瞬時につながり、微細な部分に至るまで共通理解が可能になりはじめているのです。

ですから、物理的には離れていても、プロジェクトがあっという間に予想もしなかった高レベルで完了することも少なくありません。

ギャラクシー・コードを使うと、このような変化が起きるのかと、驚くばかりです。

私たちの脳は8Gレベル!? 人類の意識革命は始まっている

「そんなにうまくいくわけがない」「人はそうかもしれないが自分はダメだ」もしそういった声が心に浮かんだら、その思いは、古い概念や過去の制限から生まれています。

これまで通りの意識でいるかぎり、変化は望めません。

しかし、新たな脳の領域にアプローチすれば、個人の現実創造はおろか、いま地球を脅かしている問題まで解決できる可能性があります（私たちの究極の目的は、そこにあるともいえます）。

ギャラクシー・コードは、古代の叡智《えいち》にのっとった「システム学習」です。

個人の技量や資質は関係ありません。システム通りに取り組んでいけば、誰でも銀河の中心につながり、意識変容を起こせます。だからこそ、８００年もの間、宮中祭《さい》祀《し》を司《つかさど》ってきたともいえるのです。

さらにいえば、私たちの脳や意識状態は、数十年前に比べて飛躍的に進化しています。個人レベルでは、もちろんばらつきがありますが、**人類全体で見れば、脳の進化や意識革命が始まりつつあることは確かです。**

その移行を加速させたのが、現代の情報化社会です。

交通手段の発達によって地球は狭くなり、人類の時間や距離の感覚はどんどん短縮されていきました。

その距離をさらに縮めたのが、インターネットの普及でした。

地球の裏側で起きた出来事が瞬時にわかる。自分が発信した情報が一瞬で世界中に広がっていく。

いま私たちはスマートフォンを手にして、時々刻々と変わるニュースや好きな海外アーティストのSNSを確認します。

つまり、世界のあらゆる動きが、自分の手の中にあるということです。そんな時代は、過去にはありません。

この状況が何を意味するのか。

時間や距離の感覚が変われば、人間の意識状態や脳も、それに合わせて進化できるのです。

特に、この数十年の情報革命は、私たちの意識にダイナミックな変化を起こしました。人間は、その劇的な変化に対応してきたし、これからも変化していける能力をもっている。

これは、脳が無限の可能性を秘めているということに他なりません。

どのくらい可能性があるかというと、**私たちの研究では、5Gをはるかに超えて、8Gレベルのデータ容量と情報処理能力があるという結果が出ています。**

それを裏づけるものとして、スタンフォード大学医学部は、2010年、科学誌『ニュートン』において「人間の脳は、地球上の全コンピュータより多くのスイッチをもつ」と発表しています。

ギャラクシー・コードを自分のものにする上で、この認識は非常に重要になります。

銀河の中心、ブラックホールとつながるというと、一見、特別な技術や修練がいるように勘違いされます。

しかし、じつは、すべて自分の脳内でできることです。

そして、あなた自身の中にすでにそのカギがあるのです。

2章では、脳とブラックホール、そして、日本の神々との関係を解き明かしつつ、銀河の中心とつながるしくみについて学んでいきましょう。

The Galaxy Code

2章 CHAPTER 2

あなたの常識を覆すブラックホールの正体とは？
ギャラクシー・コードの神髄を大公開！

ブラックホールは、あらゆる現実を創造する銀河の中心だった！

銀河の中心、ブラックホールへと向かう準備を続けます。

銀河の中心とは何でしょうか。

一言でいえば、あなたの「生まれ故郷」です。

もちろん、私たちの肉体が生まれた場所は当然、太陽系にあるこの地球です。

しかしそれは、肉体が生まれた場所に過ぎません。私たちの魂の故郷は、はるか遠く離れた場所です。

そう、天の川銀河のど真ん中にあるブラックホール。

銀河の中心太陽とも呼ばれる、宇宙でもっとも密度の高い場所。重力が強過ぎて光さえも閉じ込められたエネルギーの究極の場。

私たちの魂は、そのブラックホールから生まれました。

なぜなら、ブラックホールこそ、あらゆる生命の誕生する場であり、現実を思い通りに創ることができる「創造の場」だからです。

しかし現代科学では、ブラックホールは謎に包まれています。

この章では、ブラックホールとは何か。

そこにつながって現実を創るとは、どのようなことか。

古神道の教えの神髄であり、ギャラクシー・コードの核心となる部分を明らかにしていきましょう。

「ある真実」が隠されていた写真

改めてブラックホールというと、あなたはどんなイメージをもつでしょうか。

すべてが異空間にのみ込まれ、永遠に脱出できない。いったん入ってしまうと、どんなものも一瞬でバラバラにされてしまう……。そんな怖い場所だと思っている人も多いのではないでしょうか。

しかし、真実は違います。そのイメージは、一面に過ぎません。

繰り返しますが、**ブラックホールは、すべてをのみ込む反面、「すべてを生み出す場」でもあります。**


1枚の写真が、それを物語っています。ある真実が隠された写真です。

2019年4月、「ブラックホールの撮影に成功した」というニュースが、1枚の写真とともに発表されました。

それは、漆黒の闇に、オレンジ色の光に包まれたブラックホールがぼんやり浮かんでいる画像です。インターネットにも公開されているので、もしかすると、すでにご覧になった方もいるかもしれません。


私たちは、近年研究されているダークマターの検出のために、**ある研究機関に特殊素材を提供した際に、その関係者からこの写真に関する真実を知らされました。**

じつは、この写真は意図的にボカされていたのです。

Credit: EHT Collaboration

なぜなら、写真のブラックホールの中心に、「宇宙」が写っていたからです。

もっと正確にいうと、ブラックホールの中心は究極の闇ではなく、そこを抜けたところに「宇宙の反対側」があったのです。


なんとも不思議な話ですが、この事実を表す、**「宇宙の果てを見ると、自分の頭の後ろが見える」**という言葉があります。

そう、他でもないアインシュタインの言葉です。

「宇宙の果て」とは、いうまでもなくブラックホールのこと。ブラックホールの先には「自分の頭の後ろ」＝「宇宙の反対側」が見えるということなのでしょう。

ブラックホールの先に、さらなる宇宙があるとはどういうことか。

それは、ブラックホールが「創造の場」として機能していることを表しています。

結論を急ぎすぎたかもしれないので、補足しましょう。

ブラックホールには、いったん吸収したエネルギーを反転させて、新たな宇宙（現実）を創造する性質があるのです。

ブラックホールと対になっている「ホワイトホール」という場によって、入ったエネルギーが即時に反転するしくみになっているのです。

その構造は、地球上の「クラインの壺《つぼ》」という概念をモデルにするとわかりやすいので、追ってくわしくお話ししましょう。

いにしえより秘されてきたブラックホールのエネルギー

次に、さらなる真実をお話しします。

それは、太陽を輝かせているおおもとの存在（エネルギー）は、じつはブラックホールであるということです。

もちろん現代科学では、「太陽は核融合で独自に発光している」とされています。

しかしそれは、まやかしに過ぎません。

「一般常識」がどうであろうと、太陽はブラックホールから届くエネルギーによって輝いている。太陽を生かしているのは、銀河中心太陽であるブラックホールである。これが、いにしえより秘されてきた真実です。

ブラックホールに満ちるエネルギーは、宇宙そのものを凝縮したともいえる圧倒的なレベルです。

太陽も、銀河の他の恒星であるシリウスなども及びません。

正確にいえば、こうしたすべての恒星は、ブラックホールからエネルギーをもらうことで存在できているのです。

これら銀河にある多くの恒星を、ひいては、多くの惑星を成り立たせているブラックホールのエネルギーこそ、「プラズマ」と呼ばれるものです。

プラズマは「電離気体」とも呼ばれ、電化製品の機能説明でも使われていますが、真のプラズマとは意味も用いられ方も違います。

本来のプラズマは、爆発的なエネルギーをもち、どのような制約からも解き放たれた物質です。

プラズマを軸に、宇宙の構造を解き明かす理論をプラズマ宇宙論と呼びます。

しかしこの理論は、現在の天文学の世界ではほとんど語られることはありません

（その理由は次の章で明らかにしていきます）。

一方、NASAの研究は、すでにプラズマ宇宙論を採用しながら進められているといわれます。このプラズマエネルギーを使いこなせれば、文字通り、何でも自由に生み出せます。

そして、プラズマで宇宙を満たしているのは、ブラックホールです。

さらにいえば、**ギャラクシー・コードの本質とは、このプラズマを使って現実を創造していくことなのです。**

具体的な方法は4、5章でお話ししますので安心してください。

ここでは、どのようなプロセスで現実を創造するのかを表した、ひとつの三角形の図をインプットしていただきたいと思います。

現実を創造するプラズマを自由に操る秘訣とは？

それは、「情報（概念）↔エネルギー↔物質」の三角形。

「情報（概念）があって、そこからエネルギーが生まれ、物質化する」という、物事が現実化するしくみを図にしたものです。

くわしくお話しすると、**まず「情報（概念）」が、ある種の「エネルギー」を発生させます。エネルギーは振動を起こし、それに合った現象を引きつけて物質化します。そして、その現象がまた情報を発生させる……。**

これが現実化のプロセスで、このサイクルを繰り返して自分の現実がどんどん創られていきます。３つの要素は、時に双方向で影響を与え合います。

例をひとつ挙げると「自分は裕福だ」「自分は貧乏だ」などの情報（概念）を、それぞれもっている人がいたとします。

The Galaxy Code

現実化のプロセス

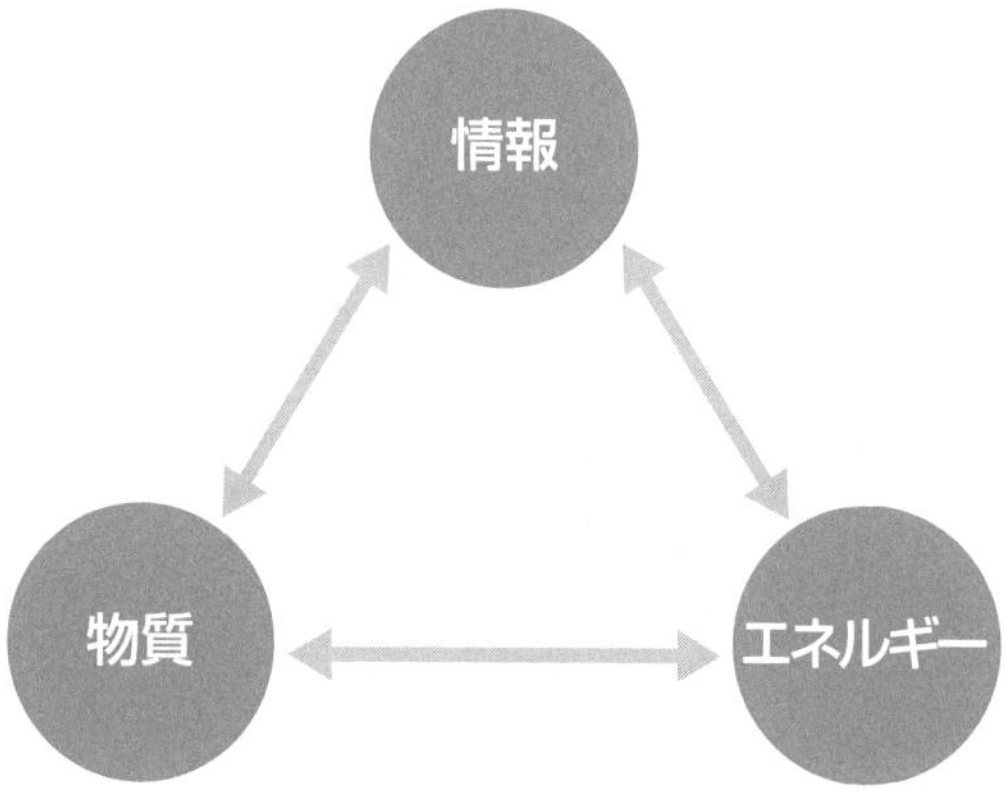

すると、人はその情報に見合ったエネルギーをもとに行動します。また、そうしたエネルギーを引きつけます。

その結果、「裕福」「貧乏」という現実が創られるのです。

お話ししてきたように、まず情報（概念）がないと何も始まらないわけですが、いま新たにお伝えしたいのは、情報の中心には「言葉」があるということです。

そして、このサイクルにおいて重要な役割を果たしているのは、いうまでもなくプラズマだということです。

私たち人間は「ある方法」を使って、このプラズマを自在に使うことができます。

その方法が「言葉」を発すること。つまり、「言霊《ことだま》」を発することなのです。

つまり、ギャラクシー・コードで、現実創造の力を手に入れるとは、ブラックホールにアクセスし、そこから言霊というプラズマを発する作法のことなのです。

ブラックホールとはアメノミナカヌシである

ここで、ブラックホールの秘密に関するもうひとつの重要なファクト、古神道の奥義ともいえる真実について、お伝えしておきましょう。

古神道では、ブラックホールをどう捉えているか。

銀河の中心、「ブラックホールの正体」とは何か。

その正体とは、じつは、宇宙の創造神であるアメノミナカヌシノカミ（天之御中主神）なのです。

これこそが古神道の秘伝中の秘伝。

ギャラクシー・コードの大切な概念です。

アメノミナカヌシとは、日本最古の歴史書『古事記』において、最初に登場する神。世界を創造する神であり、宇宙の中心である神です。

日本には「八百万《やおよろず》の神」といわれるように、さまざまな神様がいらっしゃいますが、そこには明確な階層があります。

その階層のトップに位置するのが、最高神アメノミナカヌシです。

『古事記』では、アメノミナカヌシの次に、タカミムスヒノカミ（高御産巣日神）、カミムスヒノカミ（神産巣日神）が登場します。この三神は、宇宙創造の神として「造化三神」と呼ばれます。

これは、宮中祭祀《さいし》を取り仕切ってきた白川神道だからこそいえることですが、**古くは、アメノミナカヌシをはじめとする造化三神をお迎えすることが天皇の仕事であり、お役目でした。**

なぜ、天皇がみずから造化三神を迎えたのか。その理由はいうまでもありません。宇宙創造の際に登場した三神が、あまた存在する神々の中でももっとも力をもっているからです。

アメノミナカヌシをお迎えすれば、人間離れした力を発揮できます。

その力を使って公のために貢献する。それが代々の天皇のお役目であり、そのお役目を支えるのが、私たちが行ずる白川神道だったのです。

これは、本来は明かされない情報でしたが、文明が変わるいま、一般への公開が解禁されました。

私たちは、ギャラクシー・コードによって銀河とつながり、宇宙の創造神アメノミナカヌシとつながります。

すると、それこそ超人的な力が使えるようになる。そしてそれは、**みずからが幸せになるのもさることながら、公に貢献することが大きな目的でもあるのです。**

ギャラクシー・コードとは、銀河の中心ブラックホールとつながるためのものだとお話ししてきました。それは取りも直さず、このアメノミナカヌシとつながる状態を体現するためだったのです。

古代の銀河系文明では、先人は、銀河の中心＝ブラックホールとつながっていた。これは、アメノミナカヌシとつながっていたということなのです。

伊勢神宮は、内宮より外宮がより重要である理由

いまあなたの中には、こんな疑問が浮かんでいるかもしれません。

「ちょっと待って。日本の神様のトップといえば、アマテラスオオミカミでしょう⁉」

その疑問は当然です。アマテラスオオミカミは、現代日本の神社のトップともいえる伊勢神宮（正式名 神宮）の主祭神ですから。

その疑問を解決するために、少し寄り道して、古神道とその歴史についてお話ししていきます。

アマテラスオオミカミが『古事記』に登場したのは何番目かご存じでしょうか。

なんと「98番目」です。

もちろん、アマテラスオオミカミが偉大な力をもった神様であることに変わりはあ

りません。しかし現実創造という観点から見れば、造化三神、特にアメノミナカヌシに並ぶ神は存在しないのです。

神様をランクづけするなどおこがましいのは承知の上ですが、『古事記』を開けばすぐわかる事実です。あくまでも、世界の真の成り立ちをお伝えするためですので、ご理解ください。

じつは、伊勢神宮もアメノミナカヌシをお迎えする場所として機能していました。ご存じの方も多いと思いますが、伊勢神宮には外宮と内宮があります。

現在は、まず外宮（主祭神トヨウケノオオミカミ）にお参りし、その後、内宮（主祭神アマテラスオオミカミ）にお参りする。これが正式な参拝順といわれています。

しかし本当は、外宮こそ、重要なお参りの場所なのです。

なぜなら外宮は、アマテラスオオミカミとトヨウケノオオミカミが、アメノミナカヌシをお迎えするところだからです。この辺りは白川神道や一部の神道以外では、封印されてきた内容かもしれません。

なぜ日本を代表する神は、アメノミナカヌシからアマテラスになったのか？

ところが、この3000年で、アメノミナカヌシは表舞台から隠されました。

いまも、アメノミナカヌシを祀《まつ》る神社はありますが、驚くほど質素で小さかったり、あるいは、わかりにくい場所だったりします。

なぜ、アマテラスオオミカミが日本を代表する神様となったのか。その歴史についてお話ししましょう。

銀河系文明が花開いた縄文時代、先人たちは、宇宙そのものである原始的な神（銀河）とつながり、人間本来のありようで生きていました。それもすでにお話しした通りです。

ところが、太陽系文明（ちょうど弥生時代への移行期に重なります）に入ると、中国大陸や朝鮮半島から外来の文化が入ってきます。

その後、奈良時代に仏教が入り、古神道が伝えていた日本独自の霊性や精神性は少しずつ姿を変えていきました。

改めて古神道とは何かというと、「日本に外来の情報が入る前の純粋な神道のありよう」だと捉えてください。

それが、外来の情報によって変遷し、アメノミナカヌシとともに公的にはなきものにされた。**その流れが決定的になったのは、明治維新以降。西洋の文化や制度が取り入れられるようになってからです。**

ちなみに、伊勢神宮に参拝する伊勢参りは、庶民の間では江戸時代からさかんにありましたが、**わずかな例をのぞいて、江戸時代までの歴代天皇が参拝された記録はありません。**天皇の伊勢参拝が始まったのは、明治維新後、アマテラスオオミカミを「最高神」と定めてからです。

そして、神道は国家神道へと移っていきます。

第二次世界大戦後に日本を統治したＧＨＱによって国家神道は廃止され、政治と神道の分離（政教分離）がおこなわれました。その流れを受けて、現在もアマテラスオオミカミを頂点とする神道のあり方が続いています。
ただし、古来受け継がれてきた日本人の霊性もそこで断ち切られたといっても過言ではありません。

このような歴史は、教科書にはけっして載りません。

しかし今後、**見せかけの情報に流されず、新たな道を選択するために必ず踏まえておいていただきたい歴史です。**ですから、あえてくわしくお話ししましたが、過去の政策や歴史に物申すために、これまでのいきさつを書いたわけではありません。

明治後の近代化が成功したからこそ、日本は世界トップレベルの繁栄を築けています。また現代日本において、伊勢神宮の果たしている役割は大きく、アマテラスオオミカミが日本にとって重要な神様であることに変わりはありません。

ただ、太陽系文明が限界を迎えつつあるいま、私たちには思い出すべきことがある。**それは、人間はアメノミナカヌシとつながり、現実を創っていたということです。**

これからの時代は、その力を発動させることが、新たな世界で成功していくための大きなポイントとなるのです。

視点をグッと引いて宇宙レベルで歴史を見てみたら、それまでとはまったく違う側面が浮かび上がってきます。

この新たな視座を大事にしていただきたいと思います。

銀河の中心、ブラックホールは脳の中心にある

では、銀河の中心ブラックホールに行くとは、そして、ブラックホールとつながるとは、そもそもどういうことでしょう。

地球から銀河の中心までは、2万6100光年といわれています。

光の速さで進んでもそれだけかかるのですから、人間が宇宙旅行で行ける距離ではもちろんありません。

しかし、物理的に移動しなくても、ギャラクシー・コードを使えば、いまこの瞬間に、私たちはブラックホールに行けるのです。

なぜかというと、私たちの脳そのものが「銀河」だからです。

そしてブラックホールは、個人個人の「脳の中心」にあるからです。

ギャラクシー・コードが何のためにあるかといえば、地球にいながら脳内のブラックホールにアクセスするためです。そして、そこから現実を自分自身で創る力、言い換えれば「神」になる力を得るためにあるのです。

これもまた、ギャラクシー・コードの重要なコンセプトです。

脳が銀河であり、そこにブラックホールがあるとは、どういうことでしょうか。

当然ながら、脳を解剖しても、ブラックホールの存在を突き止めることはできません。

ですが、**右脳と左脳の中心にある特定のスポットに、ブラックホールと同じ働きをする「エネルギー場」があることがわかっています。**

先ほど、ブラックホールは吸収したエネルギーを反転させて、新たな宇宙（現実）を創造しているといいました。同じように、人間も脳内のブラックホールを通して現実を創りつづけています。

自分の脳のブラックホールが、入れた情報を即反転させて、現実を現象化している。つまり、現実という「幻」を創っているとも言い換えられます。

そのため、私たちが見ている現実世界は、じつはすべて脳が創り出している「幻」ともいえるのです。

またもや、一般的な常識とはかけ離れた概念をお伝えしていることは十分わかっています。多くの方は、人間が現実を創っているなんて、どこにそんな証拠があるのかと思うでしょう。

しかし、**私たち人間が無意識のうちに、自分の現実を自分自身で創り出していることは、最新の量子物理学の世界では、常識となっている事実です。**

少し乱暴ですが、量子力学の難解な理論をまとめると、「人間が意識を向けたものだけが物質化する」「現実は意識の投影であり、幻想である」というシンプルな法則に集約されるのです。

では、脳が取り込む情報とは何かというと、私たちが接した情報や思考などです。

私たちの脳のブラックホールは、日々どんな情報や思考を入れているでしょうか。ちょっと振り返ってみてください。

もしかすると、不安をあおるようなニュースやゴシップ、時間つぶしの娯楽などが大半かもしれません。あるいは、ただ何となくダラダラ過ごしているうちに、一日が過ぎていた。そんな日もあるでしょう。

「いや、自分は人生の目標をきちんと立てている」という人も安心はできません。

こういっては失礼ですが、**太陽系文明に生きていると、その目的自体が自分の本質からずれていることも多いのです。**すると、どんな現実が創られるかは、もうおわかりでしょう。

しかし、もし望まぬ現実を創っていたとしても、けっしてあなた自身のせいではありません。

私たちは、自分の中に銀河があり、現実を創る力がある。すべての可能性は自分の中にあると気づく機会をこれまで奪われていたのですから。

自分の脳が銀河であり、ブラックホールと同じだけの力をもっていると知ったいま、

みずからの可能性をみくびっていたことに、ようやく気づいていただけたのではないでしょうか。

私たちがブラックホールを自分の脳内に意識できたとき、そして、そこにつながる作法を手にしたとき、現実を創り出す力を得ます。

それが、ギャラクシー・コードのひとつのゴール。

つまり、創造神アメノミナカヌシが自分自身であるという状態になるのです。

もちろん、いまはそのイメージができなくてもまったくかまいません。

また、想像できるものでもないでしょう。

ただ、この本を読み終わったときに、そのゴールへの道は、必ずあなたの前に伸びているはずです。

銀河も脳も「クラインの壺」と同じ構造になっている

人間の脳は銀河であり、その中心にはブラックホールがある。

このことは、もうひとつの大切な事実を表しています。

脳は、「クラインの壺」と同じである。そして銀河もまた、クラインの壺と同じ構造をしているということです。


あなたは、この「クラインの壺」という言葉を聞いたことがあるでしょうか。

もしなかったとしても、「メビウスの輪」は知っているのではないでしょうか。

紙テープを一度ひねって両端をつなげると、メビウスの輪ができます。

その上をなぞると、いつの間にか「表」が「裏」になり、次は「裏」が「表」になる。メビウスの輪は永遠に行き止まることなく、表と裏を進んでいける不思議な形状です。

クラインの壺

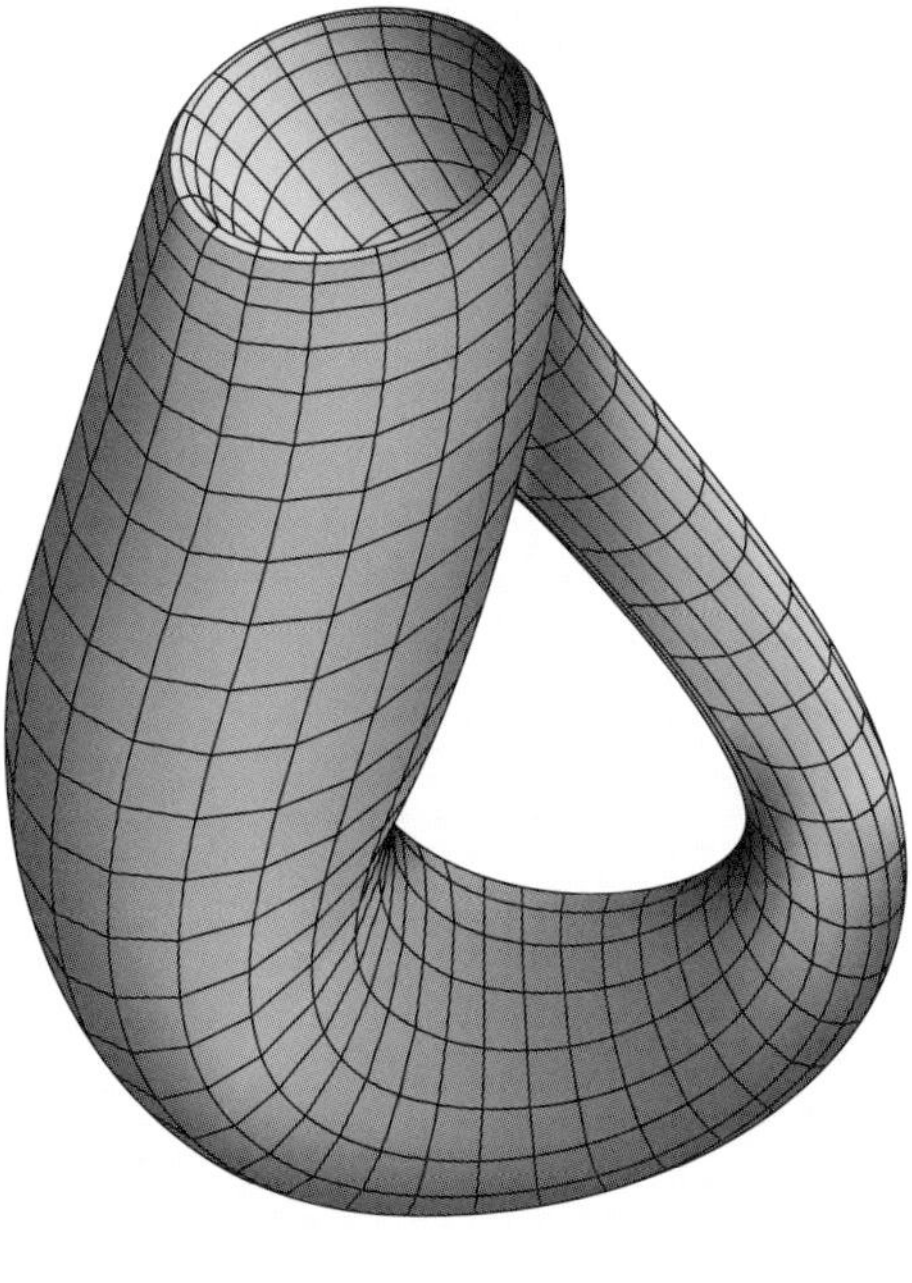

クラインの壺は、このメビウスの輪を立体状にした構造だと考えてください。

銀河は、このクラインの壺になっています。ですから、その中心であるブラックホールの中を進んでいくと、反転して「宇宙の反対側」に出るのです。

言い換えれば、「表」だと思ってどんどん中心に進んでいった先で、クルッと反転していた。それが、ブラックホールの構造だったのです。

私たちの脳も、銀河と同じしくみをもっている。

このように、脳内にあるブラックホールが、宇宙と同じ構造で現実を創りつづけている。まず、その事実をしっかりのみ込む。この段階でそれができれば、完璧にギャラクシー・コードへの道を進んでいます。

最新科学理論によって導く！　銀河と脳の関係

銀河と人間の脳は同じ構造であり、現実創造の場である。この事実について、さらに理解を深めていきます。

少し専門用語も入ってきますが、なるべくシンプルにお伝えします。

銀河と脳の関係性を理解するために、ひいては、ギャラクシー・コードを腑《ふ》に落とすために欠かせない部分ですので、ぜひついてきてください。

まず、あるニュースについてお話しします。2020年4月、京都大学の望月新一教授による数学界の超難題「ABC予想」を証明した論文の検証が終わりました。

これはノーベル賞5個分にも相当する偉業と評価され、ニュースは世界中を駆け巡りました。日本では新聞で少し取り上げられた程度でしたが、ご覧になった方もいるかもしれません。

なぜここで紹介するかというと、問題を解くために望月教授が使った**「IUT（宇宙際タイヒミュラー）理論」が、ギャラクシー・コードを理解するカギになるからです。**この理論は、世界の科学の常識を変えるといっていいほど画期的なものでした。

非常にむずかしい理論なので、押さえていただきたいポイントだけお伝えします。

「IUT理論」は、これまでつながっていなかった世界が「対称性通信」でつながっていることを証明した理論なのです。

つまりこの理論によって、**まったく関係のないと思われていた「銀河」と「脳」が通信できることが空論ではなくなったのです。**

「対称性通信」とは、簡単にいえば**「似通った構造をしているもの同士はつながっていて、通信し合う」**ことを指す言葉です。

たとえば、「銀河」と「脳」は、クラインの壺という共通した構造をしています。

「似たもの同士」は通じ合っていて、影響し合える。これが対称性通信です。

ここで、「相似形」という概念についても説明しておきましょう。

相似形とは、平たくいえば「似た形」をしたもの。銀河と脳も相似形です。

世界には、この相似形が数え切れないほどあります。

たとえば、『ニューヨーク・タイムズ』でも掲載されましたが、ネズミの脳神経細胞の顕微鏡写真と、物理学者がコンピュータで作成した宇宙の構造図はほぼ同じだったという話は有名です（ネズミと同じ哺乳類である人間の脳も、当然ながら宇宙と相似形です）。

また、「原子、太陽系、銀河の構造は相似形だ」と聞いたことがある人もいるでしょう。原子核の周りを電子が回る、太陽の周りを太陽系の惑星が回る、銀河の周りを恒星が回る。大きさはまったく違いますが、その構造は驚くほど似通っています。

さらに付け加えると、巻貝、台風、銀河は、それぞれに渦状で相似形となっています。**驚くべきは、それらの渦がすべてフィボナッチ数列という黄金比にのっとって形成されていることです。**

これらの相似形のものがじつはつながっていると証明したのが、先ほどお話しした「ＩＵＴ理論」なのです。

古神道の秘儀もまた、「対称性通信」によって成り立っていた

古神道の世界で古来受け継がれてきた作法や神事、秘儀のほとんどが、この対称性通信によって成り立っています。

例を挙げると、大祓《おおはらえ》の際には、自分に見立てた人形《ひとがた》に息を吹きかけ、お祓《はら》いをしてもらいます。これも対称性通信で穢《けが》れを祓うことが可能になります。

逆の例でいえば、相手を呪うために昔おこなわれていた「藁《わら》人形」の風習も、同じ論理です。憎い相手に見立てた藁人形に釘《くぎ》を打ち付け、実際に、本人の体にダメージを与えるわけですが、あながち「迷信」とは侮れません。

じつは、対称性通信によって相手に対して悪影響を及ぼしているのです（あまりよい例ではありませんが、皆さんが悪用しないことを信頼してご紹介しました）。

まとめると、次のようにいうことができます。

相似形のものであれば、どんなに遠く離れていても影響を与えることができる。そして、同じ現象を起こすことができる。

これを証明できたことが、ＡＢＣ予想が解けたもっとも大きな意味だといってもいいでしょう。

もう、お気づきかもしれません。ギャラクシー・コードは、この対称性通信によって成り立っています。

2万6100光年も離れた銀河の中心ブラックホールに、いまこの瞬間に行くことができるのは、この対称性通信があるからこそなのです。

つまり私たちは、対称性通信によってこれからブラックホールまで行き、その創造エネルギーをつかもうとしているのです。

時空を超えるには、「中今」をつかみなさい

ブラックホールまで旅するための準備が着々と進んでいます。

次は、私たちが時空を超えて、ブラックホールにアクセスするために必要な概念をお話ししましょう。

それが、古神道で大切にされている概念、「中今《なかいま》」です。

中今とは、文字通り「いま」という瞬間ですが、この言葉が生まれたのは、さほど古い時代ではありません。しかし現在、古神道の基本として重要視されています。

それはなぜかというと、太古は常に「中今」だった人間の生き方が、そうではなくなったからです。

太陽系文明に移行して以来、人間は過去にひたったり、未来を心配したりするようになり、中今を生きられなくなった。だから、この言葉が生まれ、指針とされるようになったのです。

では、説明を始める前に伺います。「いま」とは何でしょうか。

よく考えると、とらえどころがありませんね。

厳密にいえば、「い」と発音した瞬間に「いま」は過ぎ去って過去になります。禅の世界でも、この「いま」がわかれば悟りが開けるといわれているほどです。

しかし、ブラックホールにアクセスするには、この「いま」がカギとなります。

ギャラクシー・コードでは、「いま」の感覚をつかみ「中今」に入るのです。そうすると、時空を超えることができるからです。

先ほどお話ししたように、ブラックホールとの物理的な距離は2万6100光年もあります。しかし、本当の意味で「いま」に存在すれば、その時空を超えられるのです。

改めて、「いま」とは何だろうと、想像してみてください。

「いま」という瞬間に、「時間」は存在できるでしょうか。また、「いま」という瞬間に、「空間」は存在できるでしょうか。「え？」と戸惑うかもしれません。

じつは、この「いま」という瞬間に限っていえば、時間は存在できないのです。空間すら生まれないのです。

もちろん、たとえ一瞬であっても「時間」が経過（存在）すれば、そこに時間と空間は認識できます。しかし、言葉通りの「いま」には、時空は存在できません。

逆の言い方をすれば、時間と空間が生まれる前の状態が「いま」なのです。

日々時間にとらわれて生きている私たちには、イメージしづらい話かもしれません。別の側面から見てみましょう。

この4次元世界は、科学的には「時空連続体」と呼ばれます。

時間も空間も連続している次元で、私たちは日頃生きているわけです。

しかし、「いま」という瞬間に入ることができれば、この時空連続体を超えられます。

つまり、どんなに離れた時空であっても、瞬間的に超えられるのです。

ですから、**何万光年も宇宙を旅してブラックホールに向かわずとも、「いまこの場所」にいながらにしてワープできる。**

日本人が受け継いできた古神道には、そういうしくみがあるのです。

それが、ギャラクシー・コード、現実創造の秘密なのです。

時空を超えるとき、あなたは神になる

「いや、それは机上の空論に過ぎない」「時空を超えられるなんて幻想だ」と思うかもしれません。

しかし、本当にそうでしょうか。**私からすると、「時間」こそ人間が創り出した幻想**

ではないかと思います。

私たちはよく「時間がない」とか「時間をもて余している」とかいいますが、人によっても状況によっても、時間の捉え方はまったく違います。

楽しいときは、あっという間に時間が過ぎますし、嫌なことをやらされているときは、時間の進み方が遅いと感じます。それほど、時間というものは主観によって変わるものであり、あいまいな存在なのではないでしょうか。

いずれにしても、時間にとらわれているかぎり、銀河の中心に移行することはできません。

ですから、「いま」という瞬間をつかんで瞬時につながるわけです。

そしてその方法が古神道で伝えられてきました。

言い換えれば、時空を超えて「神」になる秘儀です。

それを、これからあなたは学んでいくのです。

ちなみに、神事や行をおこなう際には、「中今」に入った状態になる必要があります。その状態で神と交信し、また自分自身も神になる。

これが、古くからおこなわれてきた古神道の技の核心部分。

そして今回それを明らかにします。


私たちは本来、何をやっていても「いま」という瞬間の連続体に生きています。

「いま」が果てしなくつながり合って、時間が生まれているわけです。

その「いま」という瞬間にいる分には、じつは、何の不足も不自由もありません。

しかしそれが連なり、時間を意識したとたん、明日への不安が生まれ、過去への後悔が生まれる。

そこで思考を巡らせ、その思考が行動に影響を与えた結果、人は本来の自由と可能性を奪われる。つまり、時間と空間に閉じ込められてしまうのです。

しかし、自分が時空を超えられるのだと知った瞬間、そこに突破口が開けます。

いつまでも時空の内側にいるのか。そうではなく、時空の外に抜け出す存在、いわば「神」になるのか。

それを決めるのは、自分自身です。そして、それができるのが「いま」という瞬間なのです。

あなたは、銀河の中心にアクセスするか？地球に閉じ込められたまま終わるか？

2章で解き明かしてきた情報は、いかがだったでしょうか。

プロローグでお断りしたように、2章は世間一般の常識からすると「ぶっ飛んだ」内容だったかもしれません。

しかし、世の中の99％以上の方が知らされていないだけで、真実は「ここ」にあるのです。今後もさらに新たな扉を開けていきます。


その扉を開け、自分自身の意識を使って、銀河の中心にアクセスするのか。

それとも、太陽系の惑星である地球に閉じ込められたまま終わるのか。


あなたの願いをかなえ、変わりゆく世界で幸せに生きていくためには、この選択が迫られます。

一般的な意識の領域を使っているかぎり、太陽系に閉じ込められたままでしょう。

しかし、まだ使っていない意識の場を使うことによって、ブラックホールにつながれば、あらゆる問題が解決していきます。望む現実が創られはじめます。なぜなら、銀河の中心からプラズマエネルギーを自由に使えるようになるのですから。

ここで思い出していただきたいのが、1章でお話しした概念の存在です。「宇宙に行ける」「空を飛べる」という概念があったから、人類は空を飛べました。という概念があったから、成層圏の外へと飛び立てました。

概念が先にあって、試行錯誤の上で現実化できます。逆をいえば、「できる」という概念がなければ、何も起きないのです。

もちろん、私たちがいるこの4次元には、時空間が存在しています。

しかし、意識によって時空間の概念を消す作法がある。つまり、時空間は一瞬で超えられます。ここまで読み進めたいま、その概念は、しっかりのみ込んでいただけたと思います。

もし心のどこかで、「そんなにうまくいくわけがない」「自分にできるわけがない」

と思っていたとしたら、それは「そう、思い込まされているだけだ」と気づいてください。

なぜ、私たちがいつの間にか自分という存在を矮小化《わいしょうか》してきたのか。生まれもった無限の可能性を忘れさせられてきたのか。

それを知るために、3章では人類が歩んできた歴史をひもとき、見える世界と見えない世界の構造を見ていきましょう。

さあ、世界の真の姿に目覚めるときが来ました。

3章 CHAPTER 3

世界の裏側を知り、真の歴史を学び、
人間本来の力を取り戻そう

陰謀論!? この世界の裏側を解説

この章でお話しするのは、いままで明かされてこなかった世界の「裏側」です。

私たちがこれまで、どのようなシステムに組み込まれて生きてきたのか。

人類の真の歴史を知ることが、新しい時代に飛躍するためのカギとなります。

隠されてきた構造に気づくことで、私たちは力を取り戻すのです。


勘のいい方は「ああ、〝陰謀論〟の話か」と思ったかもしれません。

新型コロナウイルス登場後、インターネットを中心にしてさまざまな〝陰謀論〟が流されました。あなたも、「世界は一部の特権階級によって操作されている」という話を耳にしたことがあるかもしれません。

その陰謀論とは、大まかにいえば次のようなものです。

この世界は、ある影の勢力が支配していて、ウイルス騒動、地震や台風などの災害、紛争、暗殺事件などを意図的に起こしている――。

政界や経済・金融界、マスコミ、エンタメ界も含めて、あらゆる業界でさまざまな情報操作がおこなわれ、おおぜいの要人や著名人、各界の有力者がその勢力の傘下にある――。

コロナ禍の中で、このような話は新聞や大手ネットニュースでも流されるほど話題になったので、あなたがもしそう思ったとしても無理からぬ話です。

しかし、その推測は半分正しく、半分間違っています。

お話ししてきたように、いま世界に特定の特権階級、支配層がいるのは確かです。

ただし、よくネット上で名指しされる秘密結社や個人は、単なる「フロント」に過ぎません。**真の支配層が表舞台に出ることはけっしてありません。**

また、彼らの真の意図やこれから起こそうとしている動きが、正確な形でマスコミやインターネットに流出することもありません。

はっきりいって、そもそも誰でも知りうる話であれば、「陰謀」にはなりません。

現在、ネット上などで発信されている「陰謀論」はほぼ間違いなく、すでに流れている情報から拾ってきた二次情報、三次情報。フェイク情報も多く交じっています。ネットの中には、あえて〝陰謀論〟の発信者になり、9割は真実を伝えながら、1割の嘘《うそ》を交ぜ、受け取り手を惑わせる手法を使う場合もあるので注意が必要です。

一次情報をあなたへ

このような世界のからくりを見抜くには、一次情報に当たるしかありません。

しかし、ネットワークをもたない一般市民が、世界の中枢を操作する情報源とアクセスするルートを作るのはむずかしいでしょう。その人たちが発信している情報の信《しん》憑性《ぴょうせい》は、少し考えればわかるはずです。

これまでお話ししてきたように、**私たちの研究所は、国内外の政府や情報機関などとのルートを長年築いてきました。**

また、研究員や職員の中には、そのような機関で特殊な任務についていた人物や日本において重要な家系の流れを汲《く》む人物もいます。

つまり、通常はつながれないソースから、常に複数の情報を入手しているのです。同時に、数千年受け継がれてきた「審神者《さにわ》」という真贋《しんがん》を見分ける作法により、入手した情報を精査し、真実を見極めています。

集まってきた情報を多角的に判断した結果、いまこのタイミングで真実を公開し、世に問う必要があると判断したのです。

これは、本全体を通していえるのですが、ひとつお願いがあります。

ぜひ、縁あってあなたが受け取ることになったこの情報を、「真に受けて」ほしいのです。

現代人は、何事もちょっと引いて見たり、斜にかまえて物事を受け取ったりする傾向があります。もちろん適切な距離感と立ち位置で、情報を客観的に判断するのは大切です。

しかしその姿勢は、時に命取りになります。とりこぼしてはいけない重大な情報をつかみそこねる原因になるからです。

「表」の出来事は、すべて「裏」で決められている

ただしこの本では、センセーショナルな情報をお伝えして不安を増幅させたり、現状を糾弾したりするつもりはありません。

なぜ公表しているかというと、あくまでも私たちの未来のため。ギャラクシー・コードを使って、新たな時代に成功していくためです。

それに社会を見渡せば、このようにあらかじめ「裏」で物事が決まり、「表」に現れる構造はめずらしくありません。

日々変わりつづける世界情勢や経済動向、環境の変化、人々の動きなどを、私たちは「たまたま」「時代の流れ」などといった言葉で片づけます。

しかし、その現象には「裏」がある。

たとえば、会社組織を例に取ってみましょう。

まず、会社のビジョンや経営方針が、事前に役員会で決まります。その後、決定した方針が社員に伝えられ、業務に反映されます。

国や自治体、学校などもしかり。これは、どんな組織や集団にも共通しているしくみです。ファッション業界では、毎年、流行させる色やデザインが特定の組織によって決定するという話を聞いたことがある人もいるでしょう。

世の中の動きも、これと同じです。特定の場所で世界の動きを決定し、それをもとに政治や経済が動き、人々の暮らしが影響を受けていく。社会の構造上、これは当然のことなのです。

ただし太陽系文明において、「裏」の意図は、自分たちの支配体制を強めるためにあらゆる動きを作り出してきた。これが問題なのです。

この特権階級による体制は、資本主義社会が始まった18世紀の産業革命以前から続いていますが、記録が残っていないだけで、その起源はさらにさかのぼります。

そう、3000年前から、世界は覇権主義のシステムのもとに続いてきたのです。

宇宙の法則！　極を迎えると反対に向かう

しかしいま、このシステムは限界に来ています。

まず、組織の内部分裂が起こり、内輪の抗争が始まっているという情報が入っています。

また、私たち独自の神事でも、**2020年を境に、時代の大きな潮目が訪れ、大変革が起きることが10年前から明らかになっていました。**

現在の資本主義システムは、これからなくなる流れに向かうでしょう。

世界の動向を見ても、環境面や経済面など、さまざまな格差や問題が山積し、ともに極限状態に来ている状況があります。

貧富の格差は、この3000年で大きく広がりました。

2017年、貧困問題に取り組む国際NGOは、世界上位8人の資産は、収入最下位から半分にあたる約36億人分の資産に匹敵するという報告書を発表しました。驚愕《きょうがく》に値する格差です。

気候変動や森林破壊のニュースが日々報道されているように、地球の環境汚染もギリギリのところまで進んでいます。

世界はひとつの「極」を迎えました。

いったん「極」まで達した現象は、反対方向へ戻る働きを起こすという法則が宇宙にはあります。一度振り切った振り子が逆に振れるように、いま揺り戻しが起きようとしているのです。

これまでの社会をいったんリセットし、新たな体制を作りたいという思惑が動いているという情報もあります。そのひとつの引き金として、２０２０年の新型コロナウイルスが登場したともいえるのです。

今後、変化はあらゆる方面で起こります。

また、さらに多くの情報が錯綜《さくそう》します。

その流れの中で、気をつけていただきたいことがあるので、少し踏み込んでお伝えします。次のような行為には、慎重になっていただきたいのです。

「愛」や「調和」「平和」などをスローガンにしたキャンペーンや活動に、善意で安易に賛同すること。自分のアクセスした情報がすべてだと思い込んで、「地球のため、平和のために」とうたう人たちの情報を精査せず、行動すること。

もちろん、愛や調和を大切にする考え方は素晴らしいものです。しかし、耳に心地のいい情報だけを鵜呑《うの》みにすると危険です。

結果的に、支配層の思惑にからめ取られ、洗脳されてしまう。そんなケースもあるからです。

また、一見、「悟り」を開いたように思える指導者を作り上げ、人々の心を誤った方向へ導く手口も見られます。

私自身も白川神道に出会わなければ、それらの情報に惑わされ、間違った方向に進んでいった可能性が大いにあります。

ですから、そのような人を見ると、人一倍もどかしく思うのです。あなたはぜひ、真実の情報を見極める目をもってください。

そのためにも、この章の情報をしっかり受け取っていただけたらと思います。

覇権主義の支配は、意外なところにあった

世界の構造が支配者層の都合のいいように、巧妙に作られているとわかる例があります。「共産主義」の発明です。

資本力のある者が権力をもつのが資本主義社会ですが、共産主義社会では、理念上は、富は公平に分配されます。ですから、いままでお話ししてきた支配の構造からは外れるのではないかと考えた人もいるかもしれません。

それは、ありがちな勘違いです。

じつは、共産主義圏があるからこそ、資本主義社会の国々の支配層は潤っている側面があるのです。

かつて、資本主義の国々と共産主義圏の冷戦があったことを思い出してください。

各地で紛争が起こり、その結果、大量の武器が必要となりました。

ここで莫大《ばくだい》な利益を得たのは誰でしょう。いうまでもなく支配者層です。

つまり、あえて対立構造を作り出すことによって、彼らは巨額の富を得た。共産主義は、そのための「発明品」だったのです。

ここで、具体的な国名や地域名を挙げることはしませんが、歴史を振り返れば、民族紛争や宗教戦争も含めて、このような例をいくらでも見つけることができます。

もちろんその構造が、いまも続いていることはいうまでもありません。

太陽系文明の覇権主義がどのように浸透していたのか。そのしくみに気づいていただくために、過去の例を見てみましょう。

明治維新前の数百年間、日本では武家社会が続きました。

江戸時代には、士農工商のシステムが完成し、武士を頂点とした階級制度が確立し、権力をもつ武士の中でも、さらに「主君」が全権力をもちました。

農民や商人たちは家長や主人を敬い、武士は主君を敬う。また、自分の属する藩や「家」を自分自身よりも大切にする。そんな教えが何百年も続いたのです。

本来敬うべきは、神の働きであり、他人ではありません。そして、信じるべきものは自分自身の力です。

武力闘争は必要ない！　戦わずして、それを超える方法がある

世界の真の構造を把握していただくために、私たちが置かれている現実をお伝えしてきました。あなたは、「こんなに強大な組織が動いているのなら、市民は太刀打ちできないではないか」と思ったかもしれません。

その通りです。私たちが同じ土俵に乗って対抗できる相手ではありません。

しかし、彼らと戦うことに、あなたの貴重な力を使う必要はまったくないのです。

思い通りの人生を生きるために、ひいては、銀河系文明時代における人類の未来のために、私たちが進む道はあります。

それが、自分自身が現実創造の力を手に入れること。

ギャラクシー・コードを使い、覇権主義が作り出した制限を超えて生きることです。

じつは支配する側の立場にある人たちも、あるものに「支配」されています。

それが何かというと、時空間です。

彼らはこれまで、自分たちで時間を支配して、権力を手にしてきました。

たとえば、1秒間に100万回も株取引できるシステムを開発し、金融を操作して膨大な利益を得る。あるいは、戦争で相手の動きを先取りして暗号を解読し、機先を制して勝利する。そうやって、市場や政治を思い通りに動かしてきたのです。

しかし裏を返せば、それは時空間の枠から出られないということです。

たとえ、彼らが火星に逃げたとしても、その時空にまた縛られるのは目に見えています。

そんな彼らに心の安らぎはありません。ある有名な財閥一族の人間は、ライフル銃を必ず手元に置いておかないと眠れないとか。過去の自分の所業によって、いつなんどき襲われるかわからない。そう自覚しているからでしょう。

逆説的ですが、**時空を支配しようとして時空に閉じ込められている。**

これが彼らの現状です。

ですから、私たちは時空間の縛りを超えた世界に行けばいいのです。

「長いものには巻かれろ」の真相

日本には昔から、「長いものには巻かれろ」「寄らば大樹の陰」ということわざがあります。

普通に解釈すると、「強いものに支配されろ」と読めるかもしれません。

しかし、本来の意味はそうではありません。

「表面上は体制に従うが、自由な境地は失わない」という精神の表れなのです。

日本人は穏やかな国民性だといわれますが、それも、そのように思い込まされている

だけで、本来は独立心が強い性質があります。

そしていまこそ、その特性を生かすときが来ているのです。

〝宇宙人〟は作られた情報？

支配者層は、いくつもの方法で「自分たちより力や権威がある存在がいる」と思い込ませ、人間にみずからを「過小評価」させるよう操作してきました。


そのひとつが「目に見えない存在」を信じさせること。

その代表的な例が「宇宙人」です。


宇宙人が存在すると信じ込ませ、人間の力を奪ってきた側面があります。

このように言うと、必ずといっていいほど、次のような反論が返ってきます。

「UFOは世界各地で観察されているし、NASAにも地球外生命体の存在を認めている宇宙飛行士がいるではないか」

「宇宙人とチャネリング（交信）した本もたくさん出ている」
中には、「地球にはすでに、宇宙人が入ってきているいると聞いたことがある」「拉致されて、宇宙船に乗ったことがある」と驚くべきことを言う方もいます。

はっきりいいますが、すべて「作られた情報」です。

私たちが感知するところ、宇宙の星々をまとめる連合もなければ、「よい宇宙人」も「悪い宇宙人」も存在しません。
地球より文明の進んだ星に住む宇宙人がある日突然やって来て、交流をもちかけたり、戦争をしかけたりすることもありません（万が一、そういう出来事が起きたとしたら、仕組まれた演出ですから、気をつけなければなりません）。
もし「宇宙船に乗った」というのであれば、それが「本物」だという証拠はあるのでしょうか。

最先端の科学を使えば、人間の意識はどのようにも操作できます。

現実ではありえない仮想現実を、脳に体験させることもむずかしくはないのです。

「ＵＦＯを見た」と言う人もいますが、これも同じ原理。それが本当に地球外の飛行物体である確率は、ほとんどゼロでしょう。

人間の意識を支配しコントロールするために、宇宙人という概念を作り、まことしやかな情報を信じさせているだけなのです。

人間の本来の力を封印する偽情報に惑わされていた

確かに、書店に行けば「宇宙人」からのメッセージが書かれた本が何冊も並んでいます。また、国内外を問わず「宇宙人」と話ができるという人もたくさんいます。

試しに、私たちは審神者によって、それらの「宇宙人」が何者か確かめてみました。**すると、そのほとんどが西洋系の霊だということがわかりました。**

要するに、この世にはいない人間の霊が「宇宙人」を装っているだけだったのです。

彼らは、人間とは別の階層にいて、私たちよりは高い次元から物事を見通すこともできます。ですから、もっともらしいメッセージを伝えることができ、その中には正しい情報が交じっていることもある。

だから、本やセミナーなどで「宇宙人」からのメッセージに接し、「心が楽になった」と感じた人もいれば、地球の未来に関する予言を聞いて感心したことがある人もいるでしょう。

「真実はどうあれ、それで人生がよくなればいいじゃないか」という意見もあるのもわかります。

しかしそれらの情報はすべて、人間に本来の力を思い出させないようにすることが目的なのです。真の成功や幸せは、そこにはありません。

「でも、これだけ広大な宇宙に、宇宙人が存在しないはずがないと思います」

こんなコメントもよくいただきます。もちろん確率論として、それはありえます。

仮に、宇宙人がいたと考えてみましょう。

地球は、天の川銀河にある2000億の恒星のひとつである太陽の一惑星に過ぎません。その天の川銀河も、2兆ともいわれている銀河のひとつです。

そんな宇宙の片隅にあるともいえる小さな星に、わざわざアプローチしてくるのでしょうか。

また、「地球の進化」をサポートするためにやってきた宇宙人が、なぜ政府の要人でも影響力の強い著名人でもなく、世間的には無名な一般人に降りてくるのでしょうか。

宇宙人が活躍したり、侵略してきたりするハリウッド映画やドラマも注意が必要かもしれません。

親しみやすいエンタメを通して宇宙人の存在をアピールし、興味やあこがれを抱かせようとする思惑が見えるからです。

あるいは、架空のストーリーを捏造《ねつぞう》し、ネット上に流布させていることもあるでしょう。

それらはすべて、未知の存在というだけですごい能力をもっていると捉えてしまう人間心理を利用した情報操作です。

映画やドラマを通して事前にイメージを受け入れていれば、普通に考えればありえない状況も、人間は受け止めやすくなるからです。

龍、天狗、精霊の本当の正体とは?

人間に「自分たちより優れた存在がいる」と思わせるのは、古くから信仰されてきた「ありがたい存在」も同じです。

世の中には、龍や天使、精霊の他、稲荷《いなり》や天狗《てんぐ》など、さまざまな「見えない存在」への信仰があります。しかしそれらは、「人間」の霊が姿を変えたものだといえます。

また、一般的には「神様」と呼ばれていても、人間に対して指示を出したり助言したりする存在は、同じ類《たぐい》です。

たとえば、**本来の「龍」とは、銀河の星々の雄大な動きに表されるような、大きな宇宙エネルギーの流れのことです。**にもかかわらず、「龍体」と呼ぶにふさわしい根源的なエネルギーが、一個人のところにやってきて運を上げる方法を指南するでしょうか。

先ほどお話しした宇宙人の例と同じように、別次元にいる霊たちは、生きている人間とは違う視点から世界を見ることができます。ですから、もっともらしい助言や予言ができるわけです。それにだまされてはいけません。

あなたの意識を自分自身から切り離す存在は、すべてニセモノだと思ってください。

それらの存在に対する信仰心が続くよう仕向けられたのはなぜか。

自分の外側に「偽りの神」を立てて依存心を起こさせ、人間に内在する力をすべて削《そ》ぐため。自分たちの理解の及ばないことは、すべて「目に見えない存在」が原因であると思わせるためです。

つまり、私たちを支配するために、自分たちより上位の概念を作った。いわば、「神様」や「神様的な存在」を作って利用したというわけです。

ただ、私はこれに対して一方的に非難するわけではありません。

私のご先祖も観音信仰に助けられたことを知っています。

それぞれの時代に必要だったから、こうした信仰も今日まで存在したといえるのでしょう。 しかし、これからの時代、そのスタイルには限界があるのです。

「霊」をつけて戦った戦国武将

かつて、単なる霊を「神様的な存在」だと信じて戦った人たちがいます。

戦国時代の武将たちです。彼らの多くは、神仏の力を借りて戦いに臨んでいました。

たとえば、武田信玄が不動明王、上杉謙信が毘沙門天《びしゃもんてん》を信仰していたのは有名な話です。その他にも、名だたる武将はほとんど、何らかの神仏に祈禱《きとう》や祈願をしていました。

このように、当時は誰もがその存在を「神」や「仏」と信じていましたが、実際には、高次元の神聖な存在ではありません。魔物のような力をもった強い霊をつけていたというのが現実です。

ちなみに海外でも、一部の権力者が悪魔的な存在を信仰して魔力をもらい、覇権を握ってきたという事実があります。

もうひとつ例を挙げるとすれば、あるオリンピック選手の例がわかりやすいでしょう。ある種目で五輪3連覇を果たしたその選手は、満を持して4連覇に挑みました。ところが、銀メダルに終わったのです。なぜか。その選手についていた存在が変わったからです。

国を代表して戦うオリンピックともなれば、それなりのレベルの神の働きがあります。3連覇した際についていたのは、そういった格の高い神の働きでした。

ところが、4度目のオリンピックでついていたのは、**その前に他界した選手の父親でした。選手が、父親が力を貸してくれると信じて戦ったからです。**

銀メダルを取れたのですから、それでも素晴らしい成績ですが、もしそれまでと同じように、神の働きを味方につけていたら、結果は違っていたかもしれません。

神とは、自然の「働き」そのもの

では、本当の「神」とは、どんな存在でしょうか。

まず、神は「人格」をもっていません。

多くの人は、たとえば「コノハナサクヤヒメ」と聞けば美しい女性、「スサノオノミコト」といえば荒々しく勇ましい男性というように、人格をもった存在を思い浮かべるのではないでしょうか。しかし、神様は人間のような存在ではありません。

逆にいえば、人格がある存在は「神」とはいいません。

人間の人生にあれこれ口出しもしませんし、個人的な願いをかなえることもなければ、「願いをかなえてあげたのにお礼参りがない」と機嫌をそこねることもありません。

そのような存在は、先ほどお話ししたように、低レベルな霊です。『古事記』などで語られる神話は、神々を人間の姿になぞらえて、その働きをわかりやすく伝える寓話《ぐうわ》として捉えてください。

「神」とは何か。自然そのものであり、「働き」のことです。

たとえば、木の根を地中に伸ばし、枝先を天に伸ばして成長させる働き。地球に太陽の周りを、電子に原子の周りを回らせる働き。もっと究極的な姿でいえば、もともとは、台風の渦のように右回りと左回りのエネルギーを組み合わせたときに物事が生まれる力。創造の力、根源の力を「神」と呼びました。

私たちの周りには数え切れないほどの神がいますが、それぞれの神に、水の働きや風の働きなど、独自の法則をもった働きがあります。そして神々の名前は、その法則に合わせてつけられているのです。

もっというなら、**ブラックホールとつながり、みずからが「神」になった人間は、自分自身が神を創れるのです。**

なぜか。2章でお話しした通り、ブラックホールとつながれば、思い通りの現実を創れるからです。

もう納得していただけたと思います。**自然界の働きである神が、個人的な願い事に応えるわけがないと。**ちなみに、そのような願いは祈りではなく「取引」です。神とは取引できません。取引に応じるのは、低級な霊だと思ってください。

神の世界には、善悪という概念そのものが存在しません。「働き」である神から見れば、人間界の善悪や道徳観は関係ないのです。

たとえば、太陽の光（働き・エネルギー）は、地球で生きる私たちにとってなくてはならないありがたいものですが、仮に近づくようなことがあったとしたら、人間など瞬時に焼け、消えてしまいます。

同じように、水や空気も生物が生きるためには欠かせませんが、ひとたび洪水や台風が起きれば生命が奪われます。

神の働きは、人間世界の都合や価値観とはまったく別の次元で動いているのです。

「神様」が好きな方々の夢を壊すようなことをお話ししたかもしれません。しかし、むしろ喜んでいただきたいのです。なぜなら、もう自分以外の存在を崇《あが》めたり、何者かに依存したりする必要はないからです。

付け加えると、私は「神」を冒瀆《ぼうとく》するつもりは一切ありませんし、以前申し上げたように、特定の信仰を批判したり揶揄《やゆ》したりするつもりもありません。

いかに私たちが支配されているか、依存させられているかに気づいていただくため。ニセモノにごまかされず、自分自身の力とつながっていただくために、これらの情報をお伝えしています。

願いをかなえるのは、あなた自身です。あなたが、自分の意識、もっと言えば自分の言葉で、その願いを形にしていくのです。

神社参拝は「自分の力」を与えに行く

このような話を聞くと、神社やお寺などにお参りするのが好きな方は、今後どうすればいいのだろうと迷うかもしれません。

これまでお話ししてきたように、自分自身が神であり、神の働きはどこにでも存在しますから、理論上は、神社仏閣に行く必要はなくなってきます。

しかし、聖地や神仏のエネルギーというものはそこに存在するので、まったく意味がないわけではありません。

ただ、くれぐれも気をつけてください。「何かを与えてもらいたい」「得になるご利益を得たい」といった他力本願な気持ちで寺社にお参りしてはいけません。その思いに呼応した低級な存在がやって来るからです。

では、どのような意識で参拝すればいいのか。

「この土地（私たち）を守っていただき、ありがとうございます」と感謝を伝え、自分自身のパワーを与えるつもりでお参りすればいいのです。

あなたは本来、神に力を与えられる存在なのですから。

こういうと、「人間が神仏に力を与えるなんて傲慢だ」「失礼きわまりない。バチが当たる」などと反論をいただくことがあります。

しかし、その反応自体、「自分たちは神仏より力がない」と思わせておいたほうが得な側の思うつぼです。

願いは誰かにかなえてもらう必要はもう、ない

もう少し、私たちがハマりがちなワナについてお話しさせてください。

最近、スピリチュアルな世界が好きな人たちの間で、「アメノミナカヌシに祈ると願いがかなう」といわれていると聞きます。

これも、もし自分の外にアメノミナカヌシが存在していると思って祈っているのなら、いままでお話ししてきた構造と同じ。残念ながら、その願いはかなわないでしょう。

しかし、**アメノミナカヌシである「自分自身」にお願いしているのだと理解し、ギャラクシー・コードにのっとって願うのならかないます。**

そうすると、即時に銀河のブラックホールにつながるからです。

結局、自分自身が神であり、自分の中にブラックホールがあるということを腑《ふ》に落として生きられるかどうか。

願いがかなうか否かは、この一点にかかっているのです。

これから時空を超えてブラックホールにつながり、あなた自身が「時空間（現実）を創る神」になれば、誰かに願いをかなえてもらう必要はなくなります。

これまでのように、未来を占ったり、予言を気にしたりする必要はありません。

もちろん、支配者が私たちを操作するために流した情報にだまされ、右往左往することもありません。

太陽系文明の歴史は、占いや予言に支配されてきた歴史です。

私たちは、「自分は弱い」という概念を信じ込んでいますから、結局、未来が「わかる」占い師や霊能者に頼ったり、従ったりするしかなかったのです。その多くは、低レベルな霊とつながっていたにもかかわらず。

「いや、占い師の言うことが当たった」「予言通りになった」と言う人もいますが、それは当たり前です。

人は、権威があると思った相手の言うことは信じ込んでしまう。そうすると、その通りに行動し、その行動に見合った状態が現実化する。それだけの話です。

しかし自分以外の存在に頼ってしまうと、未来永劫、自分のもつ力を引き出せなくなってしまいます。

ギャラクシー・コードを手にした私たちには、もう占いも予言も不要なのです。

古代チベットの先人は見抜いていた！「悟り」に惑わされてはいけない

宇宙人をはじめとする見えない存在、占いや予言……。これまで人類がしがみついてきた概念についてお話ししてきました。

そこにはひとつの共通点があります。

すべて、時空間の中で成立していたということです。

現実という時空間の中で、人間はふだん五感しか使えません。

目に見えない存在である低級な霊たちは、そんな人間を別次元からうまく翻弄してきました。また占いや予言も、時空間があるからこそ価値をもちました。

ギャラクシー・コードでは、その時空間を超えていきます。

すると、見えない存在も、占いも予言も、まったく意味をなさなくなるでしょう。

加えて、多くの人が目指してきた「悟り」も、また違った意味をもつようになります。

他者に頼らず、自分自身で人生をよい方向に進めたいと望む人たちは、これまで瞑《めい》想《そう》やマインドフルネス、坐禅《ざぜん》などに取り組み、悟りを目指してきました。

一見すると、人間にとって理想の状態にも思える「悟り」。これもまた、私たちが勘違いしがちなもののひとつです。

実際に、瞑想や坐禅によって、そのときは心が一瞬落ち着いたり幸福感を抱いたりしても、しばらくすれば元の木阿弥《もくあみ》ということも少なくありません。

時間をかけて、ひとときだけ得られるような「悟り」は、本来の悟りではありません。多くの人は「悟り」という幻想を追い求めつづけ、一生を終えたのです。

そもそも、どんなに素晴らしいといわれる瞑想法も、一定の時間と瞑想できる空間がなければ成り立ちません。

しかし、**この時空間を完全に抜けたところに行かないと、人間は本当の意味では悟れないのです。**また「神」に出会うことも不可能なのです。

昔から、世界には、悟りを開いた「聖者」「覚者」と呼ばれる人たちはおおぜい存在してきました。

彼らの中には、精神的指導者として信者や弟子を集めた人物も多くいます。

しかし、時空間に縛られたままで「悟り」を開いたとしても、それは太陽系文明の制限の中の「悟り」に過ぎません。「聖者」や「覚者」を名乗る人たちに傾倒してしまうと、自分自身も制限の中に生きつづけることになります。

古代チベットの先人たちは、そのことを見抜いていました。

いまに伝えられる「チベット悪霊十八分類」という「悪霊」の分類表がそれを教えてくれます。

18ランクの下位には、「餓鬼」「鬼」「修羅」などの〝さもありなん〟という悪霊が並んでいます。

しかし意外なことに、トップにランクづけされているのは、悟りを開いた「成就者」なのです。

なぜ、悟りを開いた者が「悪霊」なのか。それは、どんなに素晴らしい「悟り」を開いても、結局はその「悟り」から抜け出せず、「悟り」を餌にして、集まる人々をかえって時空間に閉じ込めてしまうからです。

もちろん、私たちがギャラクシー・コードで実現したいのは、時空に縛られた「悟り」ではありません。真の平和と安らぎ、そして、力を得られる悟りです。

人体がもつ叡智がわかる「三脈法」

いま、政府やマスコミからは、さまざまな情報が流されています。

それらの情報に、あなたが日頃どのように接しているか。少し振り返ってみてください。「専門家や学者などの権威をもった人が言うから」「政府発表だから」と安易に信じてはいないでしょうか。

その道の専門家などを登場させて、自分たちの都合のいい方向へ世論を誘導するのは、支配層の常套《じょうとう》手段です。

マスメディアから流れてくる情報を鵜呑みにしていいのかどうか。もう、議論の余地はないでしょう。

ここで大切なのは、自分自身の「まっとうな感覚」を信じることです。

その際に、専門的な知識や情報も、ある程度は必要かもしれませんが、必ずしもそれだけとは言い切れないと私は思っています。

私がよく行く理容店は、失礼ながら、一見どこにでもある普通の店ですが、腕は確かで、客足が絶えることのない繁盛店です。そこの若い店主は、宗教や精神世界にはまったく興味がなさそうですが、マスコミや政府の動向に懐疑的です。自分なりの分析眼もあり、市井にあって、きちんと社会を見る目をもっていると感心します。

このような感覚をもち、地に足をつけて生きることが、これから大切な時代になってきます。

そのとき必要なのは情報を吟味する知性、自分を信じる感覚です。

心配ありません。人間の体は、素晴らしい叡智《えいち》をもっています。私たちがそこに気づいていない。ただそれだけです。

私たちの体がもつ叡智がわかる例をご紹介しましょう。
古くから日本に伝わる「三脈法」をご存じでしょうか。一言でいえば、自分で自分の脈を測り、生命の危機を予知する方法です。

三脈法

①左手の親指と中指（人差し指）を首の側面（頸動脈《けいどうみゃく》）に当て、首の両側の脈を測る
②首の脈を測っている左手の手首に、右手の人差し指、中指、薬指を当て、脈を測る
③首の頸動脈2か所、左手の脈1か所の3か所の脈拍がそろっていれば、安全。もしバラバラに脈打っていたら、24時間以内に生命の危機が迫っている

医学的な原理は解明されていませんので、真偽の証明はできません。
しかし、この方法で身に迫った危険を予測し、地震や洪水などの災害、飛行機事故

や崩落事故をまぬがれたという記録が各地に残っています。


これは一例に過ぎません。本来、私たちの体は優秀なセンサーです。

自分の体を自分自身で癒す、素晴らしい「自然治癒力」も兼ね備えています。

適切な食事や生活習慣の維持、エネルギーの使い方をしていけば、生命力や免疫力が働いて、自然に体は癒され、整っていくのです。


しかし、そういった情報もまた、長年隠されてきました。

最近になって、ようやく自然治癒力に注目が集まりはじめていますが、人間の体がもつ潜在能力は、いまあなたが予想しているよりもはるかに高いのです。

私たちが生まれもっている「真実を見極める感性」「直感力」もまた同じです。

「何となく落ち着かない」「どうも嘘くさく感じる」「何か違和感がある」

このような感覚を見逃さず、選ぶべき道を選ぶ。

これからの時代には、この姿勢をもつことが何よりも求められるでしょう（これらの感覚は、5章でお伝えする鎮魂法でさらに磨くことができます）。

世界を変えるのは救世主ではない

この章の締めくくりとして、改めて確認します。

現代の私たちは、太陽系文明をとことん知り尽くした人間に支配されています。

もう3000年もの長きにわたって、そんな時代が続いてきました。

だから、仏教もキリスト教も、特定の時代における「救世主」の不在を説いているわけです。

私も、白川神道と「言霊学」で、そのことを学びました。

ところが、その言霊学では、まさにこれから時代が変わるとされています。

そして、仏教でもキリスト教でも、しかるべきときに「救世主」が現れると説かれています。「仏陀《ぶつだ》の出涅槃」や「キリストの再臨」といわれるものです。

また、キリスト教には、古くから「神の経綸《けいりん》」という言葉があります。

神が、人々を救うためにみずからの意志で、世界の秩序や自然の動きを調節し、管理するという考え方。人間の思惑を超えて、見えざる者の意志によって周期的に時代が変わる。この時期がいまやって来ているともいえるのです。

先ほど、世界はひとつの「極」を迎え、揺り戻しが起きようとしているとお話ししましたが、まだ言葉不足でした。正確にいえば、「極」の限界に至ると、もとに戻るのではなく、さらに「発展」するのです。

そこは、支配する者も支配される者もいない世界。

銀河系文明によって繁栄していく世界です。その世界で私たちは一人ひとり輝き、本来の力を出し切って公のために生き、人生を満喫します。

では、それを実現するのは誰でしょうか。

宗教が説いてきたように、「救世主」が現れるなどということはありえません。

いま生きている人間が変えるのです。

そう、それが私たちの役割です。もっというと、日本語を使う人間の使命です。

太古から伝わる言霊学では、このように言い伝えられてきました。

日本語という「神の言葉」で世界を変えるのだと。

「神の言葉」の意味については、次の章でお話しします。

まずは、「究極の8文字」をお教えし、あなたがいま使っている日本語で世界を変える方法をお教えしましょう。

The Galaxy Code

4章 CHAPTER 4

これが、ギャラクシー・コードのカギ!
わずか8文字「とほかみえみため」

あらゆるものが祓われ、神とつながる8文字「とほかみえみため」

ようやく、ギャラクシー・コードにつながるひとつの言葉を、お伝えするときが来ました。

その言葉とは、「とほかみえみため」。

非常にシンプルな8つの文字です。

たった8文字ですが、日本語以外の言語も含めたすべての言葉の中で「唯一無二」といえる言葉です。

古今東西の言葉の中で間違いなく「最高峰」に位置します。

なぜなら、**この言葉を唱えるだけで、あらゆるものが祓《はら》われて神とつながり、現実となって結実していくからです。**

「とほかみえみため」は、ごく簡単に訳すと「とほかみ（遠津御祖神＝先祖の最高神）よ、微笑《ほほえ》んでください」という意味です。ただしそこには、いくつもの意味と言《こと》霊《だま》の力が折り重なっています。

この言葉こそ、この本であなたにお伝えしたかった「究極の言葉」なのです。

わずか8文字の聞き慣れない言葉に、いや、そもそも日本語に、そんな力があるのだろうか。それが、いまのあなたの正直な感想かもしれません。

私自身も、白川神道に出会った頃はそう思っていました。その疑問を解明するために、古神道の修行を始めたといってもいいくらいです。

その学びの中で、それまで何気なく使っていた日本語に秘められた大きな力を知りました。

そして、先祖とつながることの隠された意味を知ったのです。

それを明らかにして、日本語の力、先祖の力をお伝えするのが、この章の大きな目的です。この言葉を手にしたあなたは、どんな困難も切り抜け、願いをかなえていく力を得るでしょう。

唯一、天皇が唱える祓詞

多くの方にお伝えすべく「本」という形を取っていますが、お話ししてきたように、江戸時代までこの言葉を唱えることが許されたのは、歴代の天皇だけ。

この言葉は長らく、天皇だけが使える最終奥義である言霊でした。

天皇は、この言葉を日々40回唱えます。そのお役目を果たすためです。

天皇の果たされるお役目とは、何でしょうか。

それは、「日本という国と人々を守り、豊かにすること」です。

天皇は、天皇家の祖先であるアマテラスオオミカミと一体化して、そのお力を借ります。

それだけではありません。**アマテラスオオミカミの「祖先」でもあるアメノミナカヌシとつながります。**

そして、天皇としての威光を放ち、常人では成しえない大きなお役目を成し遂げる。

そのもっとも重要な手段として、この「とほかみえみため」のもつ言霊が使われたのです。

ちなみに、有名な「大祓《おおはらえ》」など他の祓詞《はらえことば》を天皇がみずから唱えることはありません。

この事実を見ただけでも、「とほかみえみため」がいかに日本にとって特別な言葉だったのかがわかるでしょう。

究極の言霊のパワーによって心・体・人生が好転した例

この8文字には、日本語の力が凝縮されています。

唱えるだけ、念じるだけで、先祖を通じて「神」にアクセスしていけます。
人生の可能性が大きく花開き、さまざまな変化が起こります。
どのような変化が起こるのか。体験談として届いている例を見てみましょう。

心の変化

心のモヤモヤがスッキリした、ひらめきが増えた、とらわれや不安が減った、気分が明るくなった、やる気が出てきた、人や自分を許せるようになった、感情に流されなくなった、意識の柱ができた気がする、死への恐怖や虚無感がなくなった

体の変化

体調不良が改善した、肌がきれいになった、姿勢がよくなった、胃の不調が治まった、よく眠れるようになった

その他

部屋の空気が変わった、家族関係や人間関係がよくなり、トラブルが解決した、シン

クロニシティーが増えた、自然に必要なパートナーが現れた、仕事のアイデアがベストタイミングで湧いてくるようになった

この他にも、「災害やピンチのときに唱えて救われた」「願いがかなった」という報告も多数届いています。

免許も練習もいらず、誰でもどこでも唱えられ、さまざまな奇跡や変化を起こせる。そして、自分自身が幸せになれるだけでなく、公のために生きられる。

そういった意味で、「とほかみえみため」は、「入り口」でもありながら、古神道の奥義でもあるといえるのです。

トホツミオヤノカミとつながる「とほかみえみため」

では、「とほかみえみため」は、エネルギー的にはどんな作用があるのでしょうか。

それは、自分の先祖とつながって、先祖をなぐさめ癒す働き。

そして、トホツミオヤノカミ（遠津御祖神）とつながり、一体化する働きです。

トホツミオヤノカミとは、私たち人間のおおもとの神様。先祖神（先祖が神になった存在）の最高神です。

私たち人間の先祖をたどっていくと、最終的には、この神様にたどり着きます。

ひとたび唱えると、自動的に全先祖に届き、その最高神であるトホツミオヤノカミにつながる。その言葉こそ、「とほかみえみため」なのです。

同時に、「とほかみ」には「十神」の意味もあり、さらに2種類に分かれます。

ひとつは、アメノミナカヌシ、イザナギノミコト、アマテラスオオミカミなどを含める「十柱」の神。

もうひとつが、五十音図の最上段にある「十音（あかさたなはまやらわ）」が表す言葉の神です。

つまり、この4音を唱えれば、トホツミオヤノカミだけでなく、創造神であるアメノミナカヌシをはじめとする強力な神々をすべて表せる。

「とほかみ」という言葉ひとつで、先祖神から宇宙の根源の神まで、すべての神々を含むといえるのです。

「えみため」は「笑みため」で「微笑んでください」という意味。

ですから、「とほかみえみため」と唱えると、「宇宙のすべての神々、微笑んでください」と言っていることになります。

古神道的に、これが何を意味するのか。**突き詰めていえば、「とほかみえみため」はわずか8文字で、「全宇宙をすべて肯定する言葉」になるのです。**

世界には、さまざまなマントラ（真言）や呪文、経文などがあります。

あなたも参拝時や神仏に祈りを捧《ささ》げる際に、何らかの言葉を唱えることがあるかもしれません。

それらの言葉は、どれも、それぞれに力があります。しかし、最高に力をもつのは、この「とほかみえみため」です。

たとえば、「南無阿弥陀仏《あみだぶつ》」という言葉があります。これは「阿弥陀仏に帰依しま

◎とほかみ

＝遠津御祖神（トホツミオヤノカミ）

＝先祖の中の最高神

＝アメノミナカヌシ、イザナギノミコト、アマテラスオオミカミなどを含める「十柱」の神

＝五十音図の最上段にある「十音（あかさたなはまやらわ）」が表す言葉の神

◎えみため

＝微笑んでください

↓

全宇宙を肯定する言葉

先祖とつながり、人間のおおもとの神とつながり、アメノミナカヌシまでつながる

す」という意味ですから、仏教の阿弥陀仏の力をお借りします。

専門的になりますが、言葉の神をあてるなら、言霊「あ」の神です。

つまり、「南無阿弥陀仏」と唱えたときに得られるのは、1神のみのパワーということになります。他の呪文やマントラなども、その力は限定的なものです。

しかし「とほかみえみため」と唱えると、**先祖とつながり、そのトップであるトホツミオヤノカミとつながり、さらには、その先々の神々までつながれるのです。**

言霊は「光を生み出す光」である

「とほかみえみため」の働くしくみや唱え方について、先を急ぎたいところですが、その前に、この言葉を理解するために欠かせない「言葉」と「日本語」の力について理解を深めていきましょう。

そもそも、私たちにとって言葉とはどのようなものでしょう。

言葉は、人間のコミュニケーションの手段でもあり、思考のツールでもあります。何をするにも、言葉がなければ始まりません。

たとえば、「リンゴ」という言葉がなければ、リンゴをイメージすることはできませんし、「○○に行こう」と言葉で考えなければ、目的地に着くことはできません。

もし言葉がなくなったとしたら、どうなるのか。社会そのものが成立しなくなります。そのくらい、私たちにとって、欠かせないものだということがわかるでしょう。

私たちは日頃、当たり前のように言葉を使って話したり書いたり、考えたりしていますが、**世界は、そして人生は、言葉でできているのです。**


世界に目を転じてみると、過去の聖典にも、言葉が世界を創るという事実を裏づける記述が見られます。

旧約聖書の創世記では、「光あれ」という言葉によって、光が生まれたと書かれています。言葉の力によって光が生まれた。つまり、世界が生まれたのです。

とかく精神的な世界では、「光」がもっとも尊く、すべての根源であると考える傾向があります。

しかし、その光を生んだのは言葉。正確にいうなら、言霊です。

次元でいえば、光より言葉が「格上」。

別の言い方をするなら、「光を生む光」が言葉なのです。

私たちはどうしても、「神」というと、髭《ひげ》をはやした老人のイメージや美しく神々しい女神、ゼウスのようなたくましい男性神などを思い浮かべます。

しかし、神とは何か、聖書にもはっきり出てきています。

「はじめに言葉ありき。言葉は神とともにあった。言葉は、神であった」

このような教えは、あらゆる宗教の根幹にありました。

古代インドの聖典「ヴェーダ」にも、**言葉が最高のブラフマン（宇宙の創造原理）であると**明記されています。

しかし、時代を経るにつれて、さまざまな支配者の手によってその真理がゆがめられ、宗教は、現在の偶像崇拝に変わってしまいました。

なぜ多くの宗教は、現在のように、自分以外の「神」を想定して崇拝するようになったのでしょうか。

それは、太陽系文明では、そのほうが都合がよかったからです。

銀河系文明時代、言葉は常に私たちとともにあり、人間は言葉によって世界を形作ってきました。しかし人を支配するには、その事実は不都合です。

だから、覇権を取りたいと願う者たちが、私たちに言葉の力を忘れさせる目的で「神」を偶像化したのです。

いにしえより伝わる「言葉を発すると事が起こる」

その一方で、日本人は古くから、言葉が現実を創ると知っていました。そして、その力を「言霊」と呼びました。

日本最古の歌集『万葉集』で山上憶良や柿本人麻呂は、日本を「言霊のさきはふ国」（言葉の霊的な力が幸せをもたらす国）と詠《よ》んでいます。

また、平安時代の歌集『古今和歌集』では、紀貫之が、「（言霊は）力をも入れずして天地を動かし……」と述べています。

かつて、「ことだま」は「事霊」とも書かれていました。

言葉を発すると「事が起こる」という意味です。

このことからも、言葉が事象を引き起こすと考えていたことが窺《うかが》えるでしょう。

現代でも、結婚式や祝い事で「切れる」「終わる」などの忌み言葉を避ける風習が残っています。これも、日本人が言霊の力を信じてきた例のひとつです。

このように、他国の人々よりも潜在的に言葉の力を知っていた日本人ですが、いま「言霊」といえば、「ありがとう」「ツイてる」などのように、「いい言葉を使えばいいことが起きる」という意味だと思う人も多いのではないでしょうか。

もちろん、それは間違いではありません。しかし、私がこれからお伝えしたい言霊は、そういう表面的なものではありません。

古神道が受け継いできた、もっと根源的で、本質的な日本語の力についてです。

言葉として発せられる前から力は宿る

古神道では、言霊は「発音される前」に宿ると考えます。

これは、どういうことでしょう。一般的に言霊というと「発音されたあと」、つまり「音」になった状態で生まれるとされています。

しかし、当たり前のことですが、言葉が発せられる前には、必ず人間の意志がある。

たとえば、まず自分の中に「ありがとう」という意志があり、それを言葉（音）にしようという意図がある。その結果、意志通りの言葉（音）となって発せられるわけです。

古神道では、この「目には見えない世界」にこそ言葉に宿る力の源があると、捉えます。

ですから言霊は、口から発せられる言葉（音）だけでなく、**発音される以前の「音になる前の振動」そのものにも宿ると考えるわけです。**

発音される直前の「言葉になる前の姿」、言い換えれば、言葉のもつ周波数のもとにある世界。その世界から発する言葉の力を、白川神道では「言霊《げんれい》」と呼びます。目には見えない領域の言葉の「霊」、それが真の「言霊」の姿なのです。

私が言葉の力に注目したきっかけは、前にお話しした通り、言葉を先に発することによって、思った通りの現実が創造できた経験からでした。

なぜ、言葉が実現するのかという疑問に、七沢代表はこう答えてくださいました。

「世の中のすべては言葉で決まる。その言葉のもとにあるもの、それが言霊だ」

その秘密を解き明かすのが、言霊学です。

言霊学は、明治天皇のお妃《きさき》、昭憲皇太后の家系である一条家によって継承された学問で、皇室に受け継がれた和歌の心得「言の葉の誠の道」という教えがもとになっています。

古代の皇室にとって和歌とは、現実を創造するツールともいえる大切なものでした。

その和歌で詠まれる31文字（みそひともじ）をどのように構成するのか。これを教える学問は、まさしく現実を創るための教えともいえます。

この教えが、明治時代以降に言霊学として確立され、私たちに受け継がれたのです。

私たちが研究している言霊学では、**「神」とは人間と同じような人格をもった存在ではなく、「日本語の一音一音」である**という考え方が伝承されてきました。

これは、日本語それぞれの文字に込められたエネルギー、もっといえば、「周波数」と関連しています。

日本語に隠された力とは？

日本語の一音一音は、固有の周波数をもちながら振動している。

そしてその振動が、2章でお話ししたプラズマそのものであり、現実創造の力をもつ。つまり「神の力」をもつのです。

ふだん使っている日本語がプラズマであるといわれても、もちろんいまは不思議でしかないでしょう。

しかし私たちはいままで、自分たちがもつ日本語という宝に、あまりにも無自覚だったのではないでしょうか。

じつは、日本語には他の言語に見られない特徴があります。

日本語は、「KSTNHMYRW」の「父音」と、「あいうえお（AIUEO）」の「母音」との組み合わせで構成されています。そして、父音と母音が合わさって、たとえば「Ka（か）」のような音ができると言霊学では教えます。

このように、すべての文字に母音が含まれた言語を「母音優勢言語」と呼びます。表にすると、母音と父音の組み合わせが整然と並ぶ言語は、日本語の他には数言語。ポリネシアとインド、ネパールの一部地域にしかありません。

すべての文字に母音が含まれている日本語は、どの言葉もクリアで強いエネルギーを

発します。これは、父音優勢である他の言語にはない特徴です。単なる文字の配列とエネルギーの強さの話であれば、「へえ、そうか」で終わるかもしれません。

しかし、じつはこの構造に、言霊に関する「大事な秘密」が隠されているのです。

科学的検証でわかった！　日本語は「天体の周波数」と同じ

専門的になるので詳細は省きますが、私たちの研究所では、20年以上にわたってデジタル領域の科学者をはじめとする各界の叡智《えいち》を集め、研究を重ねてきました。日本語に宿る「神」とは何かを、科学的に検証するためです。

その結果、驚くべきことがわかりました。

日本語の発する周波数は、地球を構成する「木火土金水」（五行）の周波数と、「太陽

系惑星」の周波数と一致しているとわかったのです。

具体的にお話ししましょう。

母音5音の周波数はそれぞれ、陰陽五行で地球の構成要素とされる「木火土金水」と重なっていました。

そして、父音「ＫＳＴＮＨＭＹＲＷ」の周波数は、太陽系の惑星（水星、金星……天王星、冥王星の９つの星）の周波数と一致していました。

たとえば、「け（Ｋｅ）」という音は、水星の周波数と、地球の五行の振動からできています。

つまり、**私たちが日頃使っている日本語はすべて、天体の周波数と呼応しているのです。**私たちの発する言葉は、それぐらいスケールの大きい世界から生まれているというわけです。

母音について補足すると、さらに面白いことがわかりました。

母音5音の周波数（6～13ヘルツ）をすべて合成すると、ちょうど7・8ヘルツ。

これは、地球の中心から外側に向けた周波数、つまり、**地球の周波数（シューマン**

共振）と同じです。

各惑星の周波数、そしてその掛け合わせの周波数を特定するまでには、20年以上もの歳月がかかりました。

その研究の中では、一定の法則にのっとって日本語の言語エネルギー（周波数）をデジタル発信すると、その通りの現実が起こることもわかりました。

つまり、言霊には再現性があり、その意味で「科学」であるといえるのです。

この事実を突き止めて以来、言語エネルギー発信の画期的な技術を開発し、さまざまなレベルで応用しています。

そして、一般の方はもちろん、政界や経済界の要人をはじめ、国民的アスリートやミュージシャンなど、多くの方たちをサポートしています。

念のためにお伝えすると、**デジタル技術を使わなくても、言霊で現実を創る儀法が古神道には伝わっています。**

古来受け継がれてきた技のしくみを現代科学で解明したのが、白川神道の言霊学なのです。

成功している人は、トホツミオヤノカミとつながっている

その日本語の中でも、「とほかみえみため」が優れているのは、先祖やトホツミオヤノカミとすぐにつながれるところです。

じつは、**人並み外れた活躍をしている人は、本人が意識していなくても、このトホツミオヤノカミとつながっていることが多いのです。**

たとえば、大企業の経営者や政治家、スポーツ選手などの著名人は、定期的に墓参りしたり、先祖供養をしたりしている人が多いものです。

彼らは知らず知らずのうちに、先祖神、そしてトホツミオヤノカミの守護を受けています。だからこそ、途中で挫折したり失脚したりすることなく自分の能力を発揮でき、大きな実績を残せているのです。

こんな例があります。新聞配達をしていた知人の青年が会社を設立し、10年後に年商100億の企業に成長させました。

彼の祖父は他界していましたが、満州で大事業家として活躍した人物だそうです。自分自身が事業を拡大する過程では、この祖父とつながっていた気がすると話していたのが印象的でした。**彼はいまも定期的な墓参りを欠かさないそうです。**

この青年のように、自分の欲しい資質をもった先祖、優秀な先祖とつながれば、いまは、はるか遠くにあると思える目標や夢を達成するのも不可能ではありません。

さらに、先祖の最高神であるトホツミオヤノカミとつながれば、より強力な加護が得られるのはいうまでもないでしょう。

私たちは「先祖の集合体」である

ここで、あなたに重要な質問をします。

あなたは、「自分」が何者であるか、突き詰めて考えたことがあるでしょうか。

これは、唐突な質問に思えるかもしれません。もちろん、そんなことを考えなくても日々暮らしていけます。

しかし、「あなた」という存在は、世界にたったひとり。

そして、自分が何者かという問いは、自分自身が望む未来を創る上で避けては通れないのです。

普通、人が自分について説明すると、性別や年齢、住所、職業や性格などを語ることが多いと思います。

しかしそれは、あくまでも本人の属性や「自分が考える自分像」です。

では、本当の「自分」とは何か。明確な答えがあります。

「自分」とは、「先祖の集合体」です。

言い換えれば、「私たちは皆、先祖から作られている」のです。これ以外の答えはないといっていいくらい、反論の余地がない真実ではないでしょうか。

考えてもみてください。私たちは、どんなにがんばっても、自分の意志で自分の体を作ることはできません。

髪、目、爪、心臓……どれを取っても、生まれたときに与えられたもの。

誰から与えられたかというと、直接的には両親ですが、その両親もまたそれぞれの両親から生まれます。その両親も……と10代さかのぼると、２０４６人。30代さかのぼると、なんとその数は20億人を超えます。

それらの先祖全員のＤＮＡが、あなたの中に存在しているのです。

あなたの体は、すべて先祖からもらったものであり、膨大な数の先祖の遺伝子が複合的に集まってできている。

つまり、私たちは先祖でできている。

これは、疑いようのない事実でしょう。

ＤＮＡには宇宙の記憶がストックされている

私たちのＤＮＡには、何十億人もの先祖の遺伝子が入っている。これだけでもすごい話ですが、さらにさかのぼってみましょう。

私たちホモサピエンスが生まれるより前に、時間を巻き戻していくとどうなるでしょう。地球上でいえば、38億年前の原始生命体になります。さらに極限まで行くと、１３７億年前の宇宙の起源までたどり着きます。


先祖をさかのぼっていくと、最終的には１３７億年の宇宙の根源にたどり着く。

つまり、私たちのＤＮＡには、膨大な先祖だけでなく、宇宙の記憶がすべてストックされているのです。

人間の中にあらゆる宇宙の記憶が存在しているとは、壮大なスケールの話です。

しかし、宇宙の神秘や「ロマン」ではありません。

まぎれもない真実であり、理論的に考えれば、当たり前の話であることは、納得していただけると思います。


このことを知ったあなたは、人生を変える大きなチャンスを手にしました。

それは、**新時代の成功をつかんで公に貢献していくチャンスです。**

なぜなら、先祖の存在についてこのように真の理解をしている人は、ほとんどいないからです。

特にいま、先祖を敬う風習は風前の灯《ともしび》といっていいくらい薄れています。

昔の日本は、先祖を大切にしてきました。しかし、核家族化が進み、日本の古きよき伝統が失われつつある現代では、先祖供養は形だけでも残っていればよいほうです。

また、先祖供養をしっかりしている人でも、その意識は、せいぜい数代前の先祖にしか向いていないでしょう。ほとんどの人は、あまりある先祖の恩恵を理解していない。これが実状です。

あなたに、ここで何を理解していただきたいのかを端的にお伝えしましょう。

それは、**現実を創造する力は、目に見えない「聖なる存在」や「宇宙人」がくれるものでも、天から与えられるものでもなく、先祖の存在やＤＮＡの記憶を通して私たちの中にすでにある**ということです。

先祖の存在に感謝し、あなた自身の中にある先祖の遺伝子を意識すれば、眠っていたＤＮＡが目覚めはじめます。そして、さまざまな能力が花開いていきます。

先ほど、成功者といわれる人は先祖とつながり、その守護を受けているとお話ししました。

これは、言い方を変えれば、**彼らは自分の中にある先祖の遺伝子を目覚めさせ、潜在的な能力を爆発的に使っている**のです。

サバイバルに強い「存在遺伝子」がオンになる

以前、人間の脳は4％ほどしか使われていないとお話ししました。

じつをいうと、自分自身の脳を活性化し、眠っているポテンシャルを発揮したければ、先祖とつながるのがもっとも効果的なのです。

なぜなら、先祖を大事にすると心が平穏になり、さらには、その守護や神の存在を間近に感じられるようになるから。

すると、脳波が地球の周波数と同調し、使われていない脳の領域をアクティブに起動させていくだけでなく、眠っていた遺伝子のスイッチをオンにしていきます。

その結果、潜在的な能力が開花しはじめるのです。

ここで特に注目したいのが、「存在遺伝子」と呼ばれる遺伝子です。

まだ一般的には認知されていない遺伝子ですが、私たちが遺伝子の研究の中で注目し、そう名付けているものです。

存在遺伝子とは、日本人の特性を宿した遺伝子です。

その特性とは、勤勉さや協調性もありますが、何より注目したいのは、災害や戦争を何度もくぐり抜けて復活してきたサバイバル能力です。

「とほかみえみため」と唱えれば唱えるほど、存在遺伝子が目覚めます。

そしてその遺伝子を通じて、先祖のみならず神の領域へとつながっていくのです。

存在遺伝子は、危機的状況においてオンになると推測されます。

危機が訪れたとき、「とほかみえみため」によって、もともとあった生命力が発動するという言い方をしてもいいかもしれません。

「とほかみえみため」に反応して、それまで固く閉ざされていた生命を守る遺伝子が目覚める。これもまた、日本語のもたらす奇跡のひとつです。

神とつながるには順序がある

先祖とつながる大切さは、十分わかっていただけたと思います。

そうはいっても、結局は神とつながらなければ、現実創造はできないのではないか。そんな疑問もあるでしょう。

前に、神とは「働き」だとお話ししましたが、別の言葉で定義するとしたら「現実に影響を与える、目には見えない大いなる力」です。

繰り返しになりますが、太陽系文明では、この神が遠いところにある「特別な存在」、自分と離れた「ありがたい存在」、または「依存する相手」になってしまった。

「一神教」という言葉があるように、神は崇《あが》めなければならない唯一神、絶対的な存在になった。これが問題なのです。

しかし神は、身近なところにいます。それはどこか。私たち自身の中です。

私たちのDNAの中には、膨大な宇宙の記憶があります。

それは、「神」そのものです。

ただし、その神とつながるには「順序」があります。

これは大きなポイントですから、このルートをしっかり理解してください。

まず私たちは、**「とほかみえみため」と唱え、直近の先祖とつながります。次に、先祖の最高神であるトホツミオヤノカミにつながります。**

じつはそれだけで、大きな安心感が生まれ、人間の限界を超えた力を得られるのです。

わずか数代前の先祖だけではなく、何億人もの先祖とつながって、それらの存在を癒し、さらには、その最高神であるトホツミオヤノカミの力が、自分の中で働くことになるのですから。ところが、それだけでは終わりません。

トホツミオヤノカミを起点として、**今度は五行の神とつながり、続いて「クニツカミ」（国津神）、さらに、その先の「アマツカミ」（天津神）とつながっていきます。**

五行の神とは、木火土金水の神。

クニツカミは、わかりやすくいえば、地球の神。

アマツカミは、宇宙の神といえます。

『古事記』や『日本書紀』には、これらの神々の歴史が記されているので、ご存じの方も多いと思いますが、簡単に神代の歴史を振り返ってみましょう。

もともと日本を治めていたのは、クニツカミです。

そこに、高天原《たかまがはら》からアマツカミの代表であるニニギノミコト（瓊々杵命）が降り立ちます。そして、クニツカミの代表であるオオクニヌシノミコト（大国主命）から、日本という国を譲り受けます。有名な国譲りの神話です。

このような歴史から、日本の神々のエネルギーは、両者の階層によって分けられています。

各階層のエネルギーはつながっていますが、逆になったり混じり合ったりすること

「とほかみえみため」と唱える

↓

①直近の先祖とつながる
②先祖の最高神・トホツミオヤノカミとつながる
（神人一体）
③五行神・木火土金水とつながる（神人一体）
④地球神・クニツカミとつながる（神人一如）
⑤宇宙神・アマツカミとつながる（神人一如）

はありません。

整理すると、私たちが最初につながったトホツミオヤノカミが、五行神、そして地球の神であるクニツカミにつながります。すると、さらにエネルギーが昇華して、宇宙の神アマツカミにつながるという順番です。

このステップを飛ばして、私たちが一気にアマツカミにつながることはできません。

よく「○○の神が降りてきた」「○○神とつながった」と言う人がいますが、まず低レベルな霊的存在です。人間が、先祖やトホツミオヤノカミを飛び越えて、神とつながることはありえません。

つまり、あなたと神をつなぐのは、先祖だけ。先祖とあなたをつなぐのが「とほかみえみため」という言葉なのです。

もう外側に神を求めなくていい！　すべては自分の「内側」にある

いままでお話ししてきた事実を、神話の世界で見るとどうなるでしょう。

すべての根源であるアメノミナカヌシから宇宙が生まれた瞬間は、ビッグバンになぞらえることができます。

宇宙の最初の振動ともいえるビッグバン。

そこから生命が生まれ、気の遠くなるプロセスを経て人類は誕生します。

ということは、私たちのもっとも古い「先祖」は、宇宙の根源、原初のエネルギーであるアメノミナカヌシである。

それだけでなく、**アメノミナカヌシから生まれた神々すべてが先祖であり、私たちの中に存在する。これが真実なのです。**

アメノミナカヌシまでたどり着いた世界がどのようなものか。そこは「量子の振動」そのものの世界。その振動が自分自身であるという世界です。

そのような世界を体験したあなたには、宇宙のすべてが「自分」である。そんな感覚が生まれます。そうなれば、能力も生命力も世界観も、当然、現実を創造する力も、いまとはまったく違うものになるでしょう。

「とほかみえみため」から始まるギャラクシー・コードがたどり着くのは、そのような世界なのです。

ずいぶん宗教がかった言い方だと思うかもしれません。

しかし、繰り返しますが、霊的な話をしているわけではありません。遺伝子のしくみについて、科学的な分析に基づいた事実をお話ししています。

このことを理解していなかったばかりに、人類は遠回りしてきたといっても過言ではないでしょう。なぜなら、**すべて自分の「内側」にあるのに、外側へと求めてばかりきたのですから。**

こんなに近くに、神とつながる先祖がいるにもかかわらず、「宇宙人」や「聖なる存在」「神様」を名乗る低レベルの存在に寄り道をしている場合ではありません。

そこに向かってしまうと、せっかく宇宙の根源までつながれるルートがあるのに、途中でみずから断ち切ってしまうことになります。これ以上、残念なことがあるでしょうか。

これからは、遠い神社や聖地へ行く必要も、高い代金を払って霊能者や占い師に頼る必要もなくなります。

自分の中にある先祖とつながり、神とつながる。

それが、私たちがいまやるべき最大のことなのです。

ギャラクシー流・先祖供養は「自分」に向かっておこなう

「先祖が大事」とお伝えすると、セミナーなどで必ずといっていいほど出る質問があります。

「いままで先祖供養をしていないのですが、大丈夫でしょうか」

「お墓参りができていないけれど、行ったほうがいいのでしょうか」

この疑問はもっともですが、「とほかみえみため」の力を知ったあなたには、もう答えがわかるでしょう。

法要をしたり、お墓参りをしたりすることも大切ですが、むずかしい場合、他にも先祖をおなぐさめし、癒す手段はあります。

いまこの場で「とほかみえみため」と唱えれば、先祖に届き、供養ができるのです。

繰り返しになりますが、お墓参りに行くことが悪いわけではありません。しかし、あえて時間を取ってお墓まで行かなくても、日常の中でできるということです。

ある人がひどい肩こりに悩んでいたところ、霊能者から「お墓参りに行ってないからだ」と言われたそうです。

しかし、古神道にのっとれば、物理的にお墓まで行くということにとらわれる必要はありません。

その言葉の意味するところは、「先祖に意識を向け、感謝しましょう」ということ。

具体的にいえば「とほかみえみため」と唱えることなのですから。

よく「定期的に墓参りをするようになってから、運気が上がった」という人がいますが、運が上がるのは当然です。一般的なお墓参りだけで運気がよくなるのですから、この言葉で供養すれば、どうなるかは簡単に想像がつくはずです。

何世代もさかのぼっておおぜいの先祖をおなぐさめし、さらには、アメノミナカヌシに届き、先祖や神々の力を得て、自分の思いを形にしていけるでしょう。

では、先祖供養をするとしたら、どこに意識を向けて言葉を発すればいいのでしょう。

先ほど、先祖は私たちの細胞の中のＤＮＡに存在するとお話ししました。そうです。**意識を向けるところは、あなた自身であり、あなたの細胞の一つひとつです。**

今日から、「ああ、お墓参りに行けてないな」と罪悪感をもつ必要はありません。いつどこにいても「とほかみえみため」と唱えれば、いつも先祖に守られ、また、自分からも先祖に感謝を送ることができる。

その安心感が、これからを生き抜くために、あなたを支えてくれるでしょう。

大事なことを補足すると、先祖とつながるとは、自分自身に敬意を払い、自分を大切にすることです。

あなたは、トホツミオヤノカミをはじめとするすべての先祖、ひいては、宇宙の集大成であり、神なのですから。

この事実を知ったあなたには、「自分なんて」という発想は、間違っても生まれないはずです。

一番効果的な「とほかみえみため」の唱え方

では、「とほかみえみため」の唱え方をお教えしましょう。

といっても、ルールはありません。文字をそのまま一音ずつ淡々と唱えてください。声に出しても、心の中で唱えてもかまいません。

ご参考までに言うと、私たちが正式に唱える際には姿勢を正し、「とーほーかーみーえーみーたーめー」と一音ずつ伸ばしながら唱えます。

天皇は、これを40回繰り返すわけですが、私たちも40回をひとつの目安としています。

ただし、この回数にとらわれることはありません。

唱えたければ、何回唱えてもかまいません。

忙しい日常の中では、1回でも3回でも大丈夫です。折に触れて唱えてください。

特に「3」には、古神道では「結界を張る」という意味があり、「とほかみえみため」と3回唱えると、マイナスなエネルギーを寄せつけない効果が得られます。

その他に、こんなときにも使えます。

たとえば、**人に理不尽な対応をされて怒りが湧いたり、何か心配事があって急に不安が湧いたりしたときなど、3回唱えるのです。**

すると、その思いがスッと消え、気分が一瞬で変わります。

私自身も、たまに、そういったシチュエーションで唱えることがありますが、即座に効果が現れます。

唱える際は、言葉の意味を毎回考える必要もありません。

これまでお話ししてきたように、言葉を出すと意図して、その通りにするだけで、言霊が自動的に発動します。むしろ、よけいな念や思いを込めないほうが、スムーズに先祖に届くと考えてください。

一番効果的な唱え方があるとすれば、何も考えず「無心」になることです。先祖を思い浮かべる必要もありません。

「いいことが起きないかな」と期待したり、「うまく言えてるかな」と不安に思ったりもしません。ただ淡々と唱えます（もし物足りないようであれば、最初のうちは、「トホツミオヤノカミ、十神のすべての神様、微笑んでください」と、意味を考えながら唱えてもいいでしょう）。

こんなシチュエーションで唱えると、最強に守られます。

たとえば、事故に遭いかけたり、トラブルに巻き込まれそうになったりしたとき、「とほかみえみため」と3回唱えるのです。

このような場合は、早口でもかまいません。また、とっさに1回唱えただけで事故をまぬがれたという例もあります。

さらに、体調の悪いときや嫌な気分を切り替えたいとき、「ここぞ」という勝負所で唱えるのもいいでしょう。

脳にあるブラックホールから全宇宙に向けて発信される方法

さっそく、「とほかみえみため」と唱えてみてください。

先ほど、天皇は「とほかみえみため」しか唱えないとお話ししました。

しかし古代には、他者から天皇が祓詞を唱えてもらうことでエネルギーを祓い、クリアな状態になって、公のための願いを発信するという作法があったそうです。

つまり、**言霊を発する本人がクリアになればなるほど、その意志は全宇宙に届くのです。**ですから、できるだけ無心になり、クリアな状態で「とほかみえみため」の言霊を発信していただきたいと思います。

この言葉は、先祖と私たちをつなげてくれるだけでなく、無意識に働きかけます。神や先祖と常に一体化し、守られているという安心感が生まれ、自信が芽生えていくでしょう。

唱えはじめてすぐ、自分自身の変化に気づかなくても問題ありません。続けるうちに、気持ちや態度に変化が現れ、現実が変わっていくはずです。

自分を空っぽにして、ただ無心になって唱えるとき、何が起きるか。

あなたは、脳にあるブラックホールから、「とほかみえみため」の言霊を宇宙に発信していることになります。

同時に、その言霊は、あなた自身の耳にも届きます。

そのとき、メビウスの輪のように、エネルギーがループ状に循環します。

その循環が、さまざまな変化を、時には奇跡を起こすのです。

「とほかみえみため」という最高の言霊を手にしたあなたが、次の章で学ぶのが、ギャラクシー・コードの実践です。**具体的な方法論を知るという行為が、情報を「絵に描いたモチ」から、人生を変える魔法の道具に変えていきます。**

ページをめくり、ギャラクシー・コードの世界を、確実にあなたのものにしていってください。

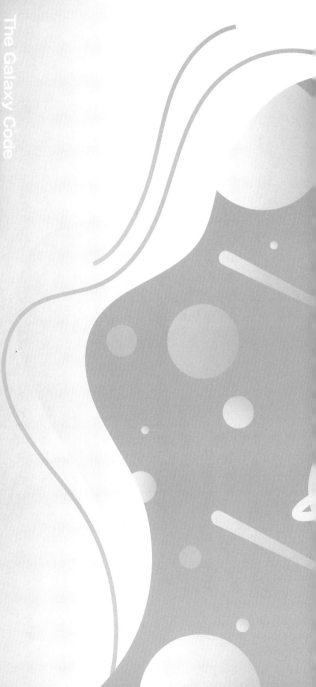

The Galaxy Code

5章 CHAPTER 5

さあ、ギャラクシー・コードを起動させ、ギャラクシアン（銀河人）になろう！

ギャラクシー・コードを使えば死後の世界を選べる

最終章では、ギャラクシー・コードの奥義と実践法をお伝えしていきましょう。
意外かもしれませんが、まずは、「死後の世界」の真実をひもといていきます。
この世を離れたあと、私たちはどこへ行くのか。
誰もが一度は、考えたことがあるでしょう。
このテーマこそ、ギャラクシー・コードの本質に迫る入り口となります。

結論からいうと、人は死後、まず「自分が想像している世界」に行きます。

たとえば、キリスト教徒であればイエス・キリストや聖母マリアが、イスラム教徒であればアラーが現れて、それぞれの天国にいざなわれる。仏教徒であれば、阿弥陀《あみだ》如来や観音菩薩《ぼさつ》など、その人が信じる仏が現れて極楽へと向かう。
あるいは、先に他界した親族が迎えに来ると考える人もいれば、他の「聖なる存在」が現れて光へ導いてくれると信じる人もいる。

それぞれに、本人が生前イメージしていた通りの出来事を体験します。

逆にいえば、死後は自分の想定内の世界しか体験できません。


しかし、死後の真実を知れば変わります。

古神道では、こう考えます。

人間は、「神」になる、と。

その道筋もすべて明らかになっています。

それでは、魂の向かう先をお話ししていきましょう。


そもそも、なぜ死後の世界についてお話しするかというと、ギャラクシー・コードを使えば、死後どの世界へ行くかを生きているうちに選べるからです。

もっというなら、**生きているうちに「神」になれる。その技法があるのです。**

それが、ギャラクシー・コードの実践ともなる「鎮魂法」（219ページ参照）です。

神になるとは、思いのままに現実が創れるということです。それはそのまま、銀河系文明で成功するための技法でもあります。

この本の最終局面にたどり着いたあなたは、とうとう銀河の中心へと向かう切符を手にするのです。

人は死ぬと、その魂はどこへ行くのか？

人が死ぬと、本来その魂はどうなるのか。

まず概要からお話ししましょう。

白川神道では、私たちが生きている世界を、「現身（うつしみ・うつせみ）」といいます。

その現身を出た魂は、「駆《かける》身《み》」→「耀《かがり》身《み》」→「隠《かくり》身《み》」の順に移行していきます。

駆身とは、死後すぐに魂が向かう世界。
耀身とは、魂が「神」になる世界。
隠身とは、「神を生む神」とでも呼ぶべき世界。

繰り返しますが、人はまず「駆身」になり、次に「耀身」になる。最終的に「隠身」と呼ぶ世界に向かう。

これが肉体を離れ、魂になった私たちが進む世界です。

いまは意味がわからなくてもかまいません。漠然とでいいので、死後の魂は、そのような道筋を進むのだと捉えてください。

ただし、ゴールである隠身までたどり着ける魂は、けっして多くありません。

なぜなら、最初に移行する駆身の世界で止まってしまう魂が多いからです。

その理由は、駆身になった魂が「統合」できないことです。

人という存在は、本来の姿であれば「神」の世界、耀身に戻れるはずなのです。

しかし生きているうちに、欲望や執念、悔しさや怒りなどの感情が魂に染みついてしまいます。

それらの感情が邪魔になり、耀身まですんなり戻れるケースはあまりありません。

それで、駆身からこの世にふたたび生まれ変わって、人生のやり直しをします。

これが、輪廻《りんね》転生のしくみです。

輪廻転生の本当の話

駆身から隠身までのプロセスを、ひとつずつ見ていきましょう。

駆身の世界では、魂が統合できないために輪廻するとお話ししましたが、古神道では、魂には、次の5つがあると考えます。

荒魂《あらみたま》、和魂《にぎみたま》、幸魂《さきみたま》、奇魂《くしみたま》、精魂《くわしみたま》。

ひとりの人間の中で、この五魂はきちんと統合されている状態が真の姿です。

しかし人間は、あえて五魂が分離している状態を作り出しています。なぜか。**それ**

それの魂がいろいろな体験をして、修行するためです。

人間という存在は、この世であらゆる経験をして、自分の魂を満足させることで一生を終え、最終的に、魂はひとつに統合されて天に帰っていくのです。

ちなみに、一般的な神道の世界では「一霊四魂」といって5番目の魂の存在が明かされていませんが、統合の役目を果たすのが一霊四魂には入っていない「精魂」です。

具体的にそのプロセスを見ていきましょう。

死後、肉体から離れて駆身になった魂は、五魂を統合するプロセスに入ります。ところが現実は、お話ししたように、すんなりと五魂を統合できるわけではありません。

たとえば、現世で人に対してもっていた恨みや怒り、人生に対する後悔、あるいは、気がかりなこと、人や物事への執着、それらのものが邪魔をします。

ですから駆身になった魂は、生前やりたかったことをやったり、行きたかった場所に行ったりして、果たせなかった思いをこの世で果たしていくのです。

仏教でいう四十九日（神道では50日間）がこの期間にあたります。

この世に残した思いをすべて完了させると、満足して五魂が統合されます。

そして本当の意味で天に帰り、神となる耀身の世界へ行くわけです。

早い人では、四十九日を待たず、1、2週間ほどでこの段階は終了します。

しかし、思いを果たせないと、またこの世に生まれ変わる。**輪廻の回数は、基本的には81回、もしくは、その倍数は生まれ変わる必要があるといわれています。**

ただし、時には自分の死を自覚できなかったり、現世に執着がありすぎたりして、そもそも駆身にもなれず、浮遊霊のような状態になるケースもあります。

ちなみに、地球人と交信する「宇宙人」や「聖なる存在」などは、この類《たぐい》です。

追ってお話ししていきますが、耀身になり隠身まで行ければ、ある意味、宇宙そのもののような存在になれるのです。

しかし、まずは駆身から耀身の世界へと行くのが至難の業。

その原因は、ほとんどの人が、正しい知識をもたないまま亡くなることにあります。

現代の私たちは、五魂についての正しい知識に触れる機会がありません。

ですから、生きている間も、さまざまな迷いや誘惑、不安などにさらされているのにまったく無防備です。それでよけいに五魂がフラフラと浮遊し、バラバラになっているのです。

「とほかみえみため」を唱えることでも、五魂は統合されていきますが、生きている間に五魂を身の内にしっかり統合しておくためにも、219ページでお話しする鎮魂法が必要となっていきます。

「死んだら星になる」は、本当だった

鎮魂法については、後半でお伝えするとして、魂の進むルートを追っていきましょう。

難関をくぐり抜けて、耀身の世界に行くと、魂は「神」と呼ばれる存在になります。

五魂が統合された耀身と隠身には、じつはもうひとつの面があります。別の面で捉えると、私たちの魂は、文字通り輝いた「星」、それも「恒星」になるのです。

これは、比喩ではありません。古神道では、星も「神」と考えます。

耀身は、目に見えている星。銀河の恒星はこれにあたります。

隠身は、見えない星。その究極バージョンはブラックホールです。

ふだんは意識しませんが、星には「可視」と「不可視」の両方がありますから、当然、宇宙には見えない星も無数にあります。

耀身が「輝く星」なら、隠身は「隠れた星」。

しかしその隠身こそ、この世界を成り立たせている「場（高天原《たかまがはら》）」に存在します。

ですから、耀身が「光」だとしたら、隠身は「光を生む光」といえるのです。

そして、その「隠れた星」の究極的な存在が、ブラックホールというわけです。

……フライングでした。白川神道の奥義、ギャラクシー・コードの核心部をサラッとお話ししてしまいましたが、予習と捉えてください。

話を耀身に戻しましょう。

世間でも、「人は死んだら星になる」とよくいわれます。

これは子ども向けのたとえ話に過ぎないと思っている人がほとんどでしょう。

しかし、あながち間違いではありません。**五魂が統合された私たちの魂は本当に星になるのです。**

自爆テロの実行者も、「死ぬと星になって報われる」と教えられます。鼓舞する目的もあるかもしれませんが、これもまた、同じ意味を指しています。

耀身がどの星になるかも特定されています。

正確にいうと、銀河にある恒星で、太陽やシリウス、ベガ、ベテルギウスなど主要な50個の星になります。もちろん、魂が何百光年も超えて動くのではありません。エネルギーとして瞬時に移動します。

私たちの魂がこの世界まで行ければ、とても素晴らしいことです。

耀身の世界への「狭き門」を通れるのは、100万人にひとり、あるいは、1000

万人にひとりといっていいでしょう。ちなみに、天皇が崩御されると、自動的に耀身の世界へと移行します。

どんな人間が耀身までいけるのか。実在の人物でいえば、キリストや仏陀《ぶっだ》をイメージしていただくといいかもしれません。または、究極のレベルまで修行を積んだ高僧や真の聖職者、宗教指導者なども、この世界へと進みます。

奥義中の奥義！　ギャラクシー・コードの究極の秘法とは？

現身から、「神」になる耀身への道を見てきました。

この耀身までのプロセスは、**じつはチベットやエジプト、インカなど世界各地にある『死者の書』にも記されています。**

いにしえの人たちは、各自の宗教や伝統の中でたどり着いた死後の真実を、それぞれ文書に残していたのです。

しかしここからは、各文化で「最高クラス」として伝えてきた教えを、さらに超える真実、世界中のどの文献にも口伝にも、残されていない教えをお伝えします。

もったいぶっているようで恐縮ですが、白川神道の奥義中の奥義です。

魂が最終的に向かう隠身の世界は、すべてを生み出すブラックホールであり、私たちが生まれたところ。神をも生み出せる場所。そして、思い通りに現実を創れる場所なのです。

そして私たちは生きているうちに、隠身の世界へと自分の意識をもっていくことができる。その実践こそ、ギャラクシー・コードなのです。

つまりギャラクシー・コードとは、生きているうちに隠身になる、「神を生み出す神」になるための秘法なのです。

では、耀身から隠身になるには、どのようなルートをたどるのか。具体的なプロセスをお教えしましょう。

先ほど、耀身になると、銀河の50の恒星になるとお伝えしました。耀身になった魂は銀河の星を順に旅し、その中心へと向かっていくのです。

恒星の順番も行き先も決まっています。耀身は50の星をひとつずつすべて体験しながら、銀河の渦の中心、ブラックホールへ向かっていきます。

このとき、どこかひとつの星で落ち着いてしまったら、隠身の世界にはたどり着けません。

星を体験するとは、その星のエネルギーと一体化するということです。

このしくみも、対称性通信になっています。

先ほど、駆身がその世界をコンプリートして耀身になるには、五魂を統合しなければならない。そのためには、5つの魂の世界をしっかり体験する必要があるといいました。

耀身から隠身へ移行するのも、構造は同じです。

耀身になって向かうべきすべての恒星をひとつずつきちんと体験しなければ、隠身の世界へ向かうことができないのです。

発想の大逆転！　神を生む神になる

ここは重要な部分なので、くわしくお話ししていきましょう。

隠身になるとは「光を生む光」「光を生む世界」になるということです。光そのものを生み出せるわけですから、「光」である耀身と格が違います（この章のはじめのほうで書いたように耀身は「神」、隠身は「神を生む神」ということもできます）。

ギャラクシー・コードとは、生きているうちにこの「光を生む世界」に入り、「神を生む神」になることを意味します。

光すら生み出せるわけですから、その力をもって人生を変え、世界を変える、それが可能になるのです。

隠身とは何か。『古事記』のストーリーにのっとってお話ししていきます。

「神の神」である隠身は、『古事記』の世界でいうところの造化三神（アメノミナカヌシ、タカミムスヒノカミ、カミムスヒノカミ）を指します。

造化三神は、自分たちに続く神々を生み出したあと、世界から身を隠します。これを『古事記』では、「独神《ひとりがみ》と成り坐《ま》して、身を隠したまひき」と表現しています。このとき、造化三神が生み出した神々が耀身です。

私たちが隠身になることができれば、自分自身が神になるだけでなく、神を生む神であるアメノミナカヌシになる。

立ち位置としては、「神様」に願い事をしている側ではなく、願い事をされる側にもなれる。**だから、神社で神々にパワーを与える立場になれるというわけです。**

またもや飛躍したことを言うと思われるかもしれません。

「光が欲しい」と望む立場から、一足飛びに「光を生む立場」に変われるのだとお話ししているのですから、発想の飛躍どころではなく「大逆転」が必要です。

しかし発想を逆転させれば、本当の意味で、主体的に生きられるようになります。

いままで他者に支配され、客体的に生きてきた私たちが、自身の力を取り戻す。その転換が起これば、「奇跡」が可能になっていきます。

逆にいえば、「神を生む神になるのだ」というくらいの気概をもたなければ、奇跡も起こせなければ、これからの時代に成功するのもむずかしいでしょう。

「人生を変える」「自分らしく生きる」「公のために生きる」と、口ではいくらでも言えます。しかし、本当に現実を変えるにはどうすればいいのか。もうわかるはずです。

やはり自分自身が真の意味で「主体者」となって、世界を創っていくしかないのではないでしょうか。

真実を「知るだけ」で世界は変わる

ここはギャラクシー・コードの核心部分ですので、私もつい力が入ってしまいました。しかし、あなたはこのように力む必要はありません。肩の力を抜いて読んでいってください。

何度かお話ししているように、概念を「知るだけ」で、意識の変革は起こります。

私たちがおこなっているさまざまな実験や研究でも、**思考を逆転させれば、隠身の世界、つまりブラックホールに一瞬でフッと抜けられることがわかっています。**

そのために必要なのは、つらい修行やトレーニングを乗り越えようとするやり方ではありません。

あとで生きながら隠身に入るための実践法をお伝えしますが、必要なのは、リラックスして情報を受け取る姿勢、新しい概念を素直に受け入れること。

ギャラクシー・コードを体得すると、表層的な感情に振り回されなくなり、自分自身の根源にある思いが実現します。

また現実レベルでいえば、「物事がダイレクトに動くようになる」「必要な人間関係がすぐ結ばれる」「目標達成に必要な情報が面白いように入ってくる」といった出来事が起こります。

そこから、望ましい状況がどんどん創造されていくのです。

この状況は、神道的にいえば、「結び（産霊）」という言葉で表されます。

ギャラクシー・コードによって、光を生む世界とつながるということは、たとえていうなら、スパークさせて現実を生む世界に行くことです。つまり、エネルギー的に「結び」が起こり、4次元レベルでの現象化が促進されていくわけです。

ただし、この次元には、物理的に慣性の法則も働きます。

結びが起きるのは一瞬であっても、進行している物事が変わるまでは、若干タイムラグが生じる場合があります。

とはいえ、思わぬ情報が入ってきたり、新たな出会いが結ばれたりする速度は、驚くほど早くなるでしょう。

日本語の50音は、『古事記』の神々と銀河の星に対応する

隠身までのプロセスを理解したところで、私たちが日本語の周波数を研究し尽くし

て解明した事実をお教えしましょう。

4章で、「日本語の一音一音は、神である」とお話ししました。

これをより具体的にお伝えすると、**日本語の一音一音は、『古事記』に登場する神、「言霊百神《げんれい》」の中の最初の50神なのです。**

そして同時に、その周波数は、隠身がたどる銀河の50の星と、ぴったり重なるのです。


長年の言霊学の研究で、私たちは一つひとつの「文字」と「神」と「星」の対応を突き止め、一覧表を作成しました。

一例を挙げると、「う」の周波数（言霊）は、アメノミナカヌシと、ケフェウス座のミュー星という超巨星の周波数と対応します。

他の文字も、耳なじみのある存在から聞き慣れない名まで、さまざまな神様と星が50音すべてに対応しています。

日本語にはすべて神様と星のエネルギーがあるのですから、私たちがふだん言葉を使っているのは、「神の力」と「星の力」を発しているのと同じなのです。

ここまで読んできたあなたは、もう驚かず「そうかもしれない」と受け止めるでしょうか。この概念は、あなたが隠身への道を進んでブラックホールとつながるための、ひとつの基盤となるでしょう。

ギャラクシー・コードを起動させる「祓い、鎮魂、言霊」

ギャラクシー・コードの学びも、最終フェーズに近づいてきました。

仕上げとしてお伝えするのは、「祓《はら》い、鎮魂、言霊」。神道の教えの最高峰といわれる概念です。

これまでの本でもお伝えしてきましたが、神道は「祓いに始まり、祓いに終わる」といわれます。ブラックホールとつながるには、日々生まれるさまざまなエネルギーを「祓いつづけること」が大切です。

祓いには、2種類の意味があります。

ひとつは、よけいなものをなくすという意味。

もうひとつが、「張る」「満たす」という意味です。

日本語には、ひとつの音に2つの意味をもたせる場合がよくありますが、この場合も同じ。「祓い」というひとつの言葉で、「払う」と「張らう（張る）」があります。古いエネルギーを取り去って新たなエネルギーで満たすことを表しています。

祓いの最強の方法は、「とほかみえみため」を唱えることです。

「とほかみえみため」で祓いつづけるだけでエネルギーが刷新され、滞っていた現実が動き出します。この他にも、神道にはさまざまな祓いの儀礼があります。

私が著した『あなたの人生に奇跡をもたらす 和の成功法則』『願いをかなえるお清めCDブック』（サンマーク出版）では、祓詞《はらえことば》のCDによってエネルギーを祓えるので、もし興味があれば、活用してみてください。

仏教でいうと、祓われた状態とは「空」の世界。

仏教では、この「空」をひとつのゴールとします。

しかし神道では、もっといえば、ギャラクシー・コードでは、「空」が始まりです。

祓われた状態で「言霊」を発し、現実を創造していきます。

そして、言霊を発するために、絶対に欠かせない条件が「鎮魂」です。

鎮魂とは、五魂を鎮めること。広い意味でいえば、宇宙や自然、神の働きを最大限に発揮できるようにすることです。

鎮魂された状態で言霊を発信すれば、瞬時に世界に広がります。

ギャラクシー・コードでブラックホールとつながり、現実を創るためには、「祓い、鎮魂、言霊」のサイクルが、すべてそろっていなければなりません。

それだけでなく、このサイクルは人生の基礎を形作るともいえる大切な教えです。

どれかひとつ欠けても、現実創造はできません。３つを統合してはじめて、全体像が見えるしくみになっています。

生きたまま隠身になる瞑想法とは？

さあ、すべての準備が整い、時が満ちました。

「とほかみえみため」と並ぶ、ギャラクシー・コードの実践についてお伝えしていきます。五魂を鎮め、ブラックホールへとつながる呼吸法・瞑想《めいそう》法です。

私たちはこれを「鎮魂法」と呼び、「祓い、鎮魂、言霊」の核として修練を重ねています。

本来の鎮魂法は、古来の作法に従って、神聖な儀式としておこなわれますが、ここでは日常で取り組みやすいようアレンジしてご紹介します。

しかしギャラクシー・コードのエッセンスは、もらさず入っています。

これは、「生きたまま隠身になる瞑想法」と呼んでもいいでしょう。

はじめのうちは少し時間がかかるかもしれませんが、慣れれば5分ほどで終了します。しかし意識の上では、時空を超える訓練です。

いまだからこそお伝えできることになった古神道の秘儀を、ぜひあなたのものにしてください。

鎮魂法の手順

①静かで落ち着ける場所と時間を選んで、正座する（もしくは、椅子に腰かける）
②右手親指と人差し指をつけ、太陽を表す輪を作る。次に、左手親指と人差し指をつけ、月を表す輪を作る
③左手で作った輪（月）と右手で作った輪（太陽）を重ね（221ページ図参照）、両手を丹田の下に置く
④呼吸を整える
⑤息を吸いながら、心の中でゆっくり1から5まで数える。その際、空気が喉を通り過ぎるのを感じる。息を止め、6から9まで数える
⑥10から、息を鼻でゆっくり吐きはじめる。一定の速度で吐くように心がけ、最後ま

で吐き切る。その際、空気が鼻の穴を通っていくのを感じる。⑤⑥を3回繰り返す
⑦「我はアメノミナカヌシの御末《みすえ》の御子《みこ》なり。遊離の五魂、わが中府《ちゅうふ》に鎮まりましませ」と心の中で唱える
⑧半眼（目を半分ほど開けた状態）で、1、2メートルほど先の目線より少し下の位置に置いた黒丸（紙に黒丸を描く、もしくは巻末図参照）を見る。このとき、黒丸が「大宇宙」をのみ込む「ブラックホール」であると意識する
⑨「ブラックホールにつながる呼吸法」（224ページ）を続けながら、鎮魂の状態に入る
⑩十分に味わい尽くしたと感じたら、アメノミナカヌシに感謝して終了する

＊中府…おなかの中心・丹田

もともと鎮魂法は、平安時代に書かれた『令義解《りょうのぎげ》』にある修練法で、国を動かす官僚や貴族たちが、魂を鍛錬するために取り組んでいました。

The Galaxy Code

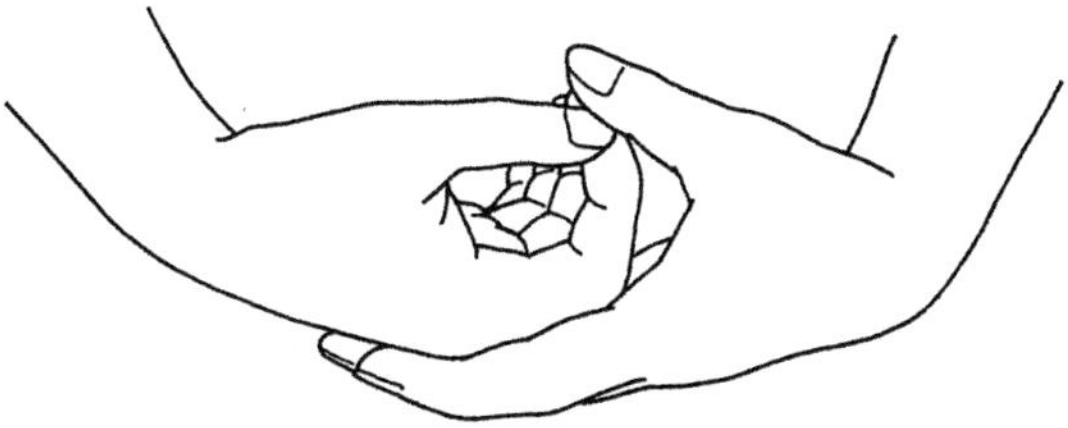

右手親指と人差し指をつけ、太陽を表す輪を作る。
次に、左手親指と人差し指をつけ、月を表す輪を作る。

自分自身で自分を祓い、五魂を鎮めることによって、心身ともに安定し、穏やかな感覚が訪れます。同時に、肚《はら》が据わり、物事に動じにくくなります。**また、自分の使命や生きるべき道が見つかり、潜在能力が引き出されていきます。**

本来の目的は、ブラックホールとつながることですが、さまざまな恩恵が鎮魂法からもたらされるでしょう。

呼吸の折り返し地点がゼロポイント・フィールド

鎮魂法でギャラクシー・コードを作動させる最大のポイントは、「呼吸」です。

人間は息をしなければ死んでしまいますが、日頃あまり意識することはありません。

しかし呼吸というものは不思議で、無意識でおこなっていながら、意識してコントロールすることもできます。

この呼吸を意識的に使って、ギャラクシー・コードを自分のものにしていくのです。

当然ですが、呼吸は「吸って、吐く」の繰り返しです。そして、「吸う」と「吐く」の間には、必ず「折り返し地点」があります。

この切り替えポイントに、じつはギャラクシー・コードの秘密があります。

いまこの場で、スーッと息を吸い、またスーッと吐いてみてください。

その中間で、息がフッと折り返す地点があると気づくはずです。

じつはそこが、「ゼロポイント・フィールド」。エネルギー的に、極めて特殊な「場」で、**ブラックホールに瞬間的に移動する入り口です。**

2章でお話しした「中今」であり、仏教の概念でいえば、「空」。また、「真空（真空エーテル）」とも表現します。

この折り返し地点を通過するのは一瞬です。

なので、普通に呼吸しているだけでは、明確に認識できません。

そこで、このゼロポイント・フィールドを意識しながら、鎮魂法をおこない、異次元

へと抜けていくのです。

まずは、呼吸の折り返し地点が、ブラックホールへの抜け道、ゼロポイント・フィールドだということをしっかり認識してください。

では、具体的な呼吸法についてお話しします。呼吸をおこなう際には、必ず黒丸を見ます。**この黒丸は、単なる図形としての点ではありません。銀河の中心、ブラックホールです。**

呼吸をスーッと吐きながら、次のようにイメージしてください。

「いま自分のいる場所からはるか彼方《かなた》にあるブラックホールまで、この息がスーッと届くのだ」と。その届いた点がゼロポイント・フィールドです。

意識の中で「届いた」と感じたら、今度は自然なタイミングで、スーッと息を吸って戻ってきます。この繰り返しが、鎮魂法の呼吸です。

この呼吸を繰り返すだけで、息が非常に深くなります。いままで体験したことのないような意識の深さを味わうはずです。

単に呼吸を繰り返すだけなので、おこなうことは非常にシンプルに感じられるかもしれません。しかしこのとき、**脳内で対称性通信が起こり、意識がブラックホールへとつながっていくのです。**

感覚がつかめれば、息を吸っていても吐いていても、いつでも「ゼロポイント・フィールド」に留《とど》まることができるようになります。

世界を「ひっくり返す」という極意

慣れてきたら、さらに深いレベルまでイメージを広げていきます。

2章でお話ししたクラインの壺《つぼ》を思い出してください。呼吸を使って、このクラインの壺を体現していきましょう。

「どうやって⁉」と戸惑うかもしれませんが、イメージを使えば可能です。

黒丸を見て、息を吐きながら、「ブラックホール（黒丸）＝ゼロポイント・フィールド」まで到達したら、今度はブラックホールの反対側（紙に黒丸を描いた場合は、その裏側）に抜けて、宇宙のすべてのエネルギーをかき集めるようにして、吸い込んでいきます。

このときに、自分から黒丸であるブラックホールまでの世界と、ブラックホールの反対側の世界とが、表裏の関係にあることがわかります。

けれども、表と裏のどちらを経由しても、最後は自分自身に戻ってくるわけです。

ブラックホールが光を含むすべての物質をのみ込む存在だとすると、すべてを放出するのが、ホワイトホールです。この両者が表と裏の関係になっています。

ホワイトホールは、アインシュタインの一般相対性理論によるブラックホール解を時間反転させた解だとされています。これは現在、実証されていませんが理論上あるのではと議論されているものです。

字面を追うだけではすぐにイメージできないかもしれませんが、大丈夫です。

身近な例があります。**タートルネックセーターのすそを両手でつかんで、そのまま脱**

ぐと、クルッと裏返しになりますね。その状態を思い浮かべると、どのような呼吸をすればいいのか、何となく見えてくるのではないでしょうか。

膨らんだ風船の表と裏がパッとひっくり返るのをイメージしてもいいですし、丸いリンゴの芯の部分を抜けて、皮の方に移動していくイメージをしてもいいでしょう。

あなたの感覚にしっくり合うイメージを思い浮かべながら、この鎮魂法の呼吸をゆっくり繰り返します。

すると、呼吸を通して、クラインの壺を永遠に回るような状態でエネルギーが回っていきます。

いかがでしょうか。ぼんやりとでも、呼吸のイメージがつかめたでしょうか。

まずは、実践です。うまくできなくてもかまいませんので、もし可能なら、実際に、このイメージで呼吸をしてみてください。

呼吸する際に思い出していただきたいことが、2つあります。

ひとつは、これまでお話ししてきたように、**あなた自身が「神」である**ということです。基本的な話になりますが、この概念は、人間とは肉体を超えた存在であり、本来は「宇宙（神）そのものと隔たりのない存在である」という古神道の教えに基づいています。その認識に立ったあなたは自信をもって、ごく自然にこの呼吸に入っていけるはずです。

もうひとつ思い出していただきたいのが、**銀河（宇宙）の広さ**です。

1回の呼吸で、銀河の中心を抜けて宇宙の端まで意識を広げて、また戻ってくる。

それは、自分自身が、「銀河そのもの」になる、**言い換えれば、自分が大宇宙を創造していくということです。**

このように意識して呼吸をするだけで、あなたのエネルギーが変わり、意識が変わります。

いまこそ、銀河の中心にアクセスせよ

呼吸と同じように、鎮魂法の「核」となるのが、黒丸の存在です。

私たちが修行する際には、高品質の黒曜石を使ったオリジナルの「鎮魂石」を使います。

しかし、やりやすければ、パソコンやタブレットのモニター上に、自分で作成した黒丸の画像を映して練習しても大丈夫です。紙に黒丸を描いたり、印刷したりしたものでもかまいません（巻末図でも可）。

通常は直径3センチから5センチ程度のものを利用しますが、**黒丸であれば、形状やサイズにそれほどこだわる必要はありません。**

なぜなら、黒丸を宇宙だと思う「意識」こそが、すべてのカギとなるからです。

この意識は、ギャラクシー・コードにおいて、先ほどの呼吸と同じくらい重要になります。

もし、「自分は頭が固いから、単なる黒丸が大宇宙とはとても思えない」と感じるのであれば、いったんその思いを祓ってください。

先ほど、「神道は祓いに始まり、祓いに終わる」とお話ししました。**いまこそ自分の限界を取り払うときです。過去の概念を捨てると決めましょう。**

あなたが、太陽と月の印を組んで、黒丸を本当の大宇宙だと思って見た瞬間、どうなるか。意識が一瞬にしてブラックホールに飛ぶしくみになっています。

こういわれても、感覚がつかめないと思うので、くわしくお話ししましょう。

普通に黒い丸を見ているだけでは、そこに何の変化も起きません。

しかし、黒丸が「宇宙のすべて」もしくは「宇宙をのみ込むブラックホール」であると意識したとき、あなたは「宇宙の外側」から「宇宙」を見ている状態になる。**つまり、「私」という存在が、この宇宙から、完全に抜けた状態を作ることができるのです。**

そうやって、「私」が宇宙の外側から宇宙を見ているという見方ができたとき、**私たちの意識は、自分のいる4次元から「5次元以上の世界」へワープできます。**

5次元以上の世界とは、4次元の現実を創る「場」が存在する世界。ブラックホールも、その入り口に存在します。

なぜそうなるのか。これも、対称性通信で説明できます。

物理的に見れば、人間が単に黒丸を見つめているだけに過ぎません。

しかし、**意識が黒丸を「宇宙」だと捉えたら、対称性によって、全宇宙にその意識が影響するのです。**

すると自動的に、意識の発信元であるあなた自身も、「宇宙の外側」へとワープできる。このようなしくみがあるのです。

呼吸はメビウスの輪になり、現実を創造する

鎮魂法でのエネルギーの動きを、メビウスの輪を使ってお話ししましょう。

というのも、**鎮魂法の呼吸は、メビウスの輪を回る動きになぞらえることができるのです。**

メビウスの輪は、「物事が広がって収束する姿」「止まることのない流れ」を表しています。ここに、じつは「祓い・鎮魂・言霊」の構造が表されています。

呼吸を通して宇宙を創造し、また創造したものを祓ってゼロになる。

鎮魂法では、そのサイクルを永遠に繰り返しながら、現実が創造されていくわけです。どれかひとつ欠けても、現実は創造できません。

その動きを表すと、次のようになります。

・メビウスの輪の中心部（クロスする部分）……鎮魂（ゼロポイント、中今、空）
・中心（or内側）に向かっていく部分（プラスからマイナス）……祓い
・両端（or外側）に向かっていく部分（マイナスからプラス）……言霊

呼吸という行為には時間がかかりますが、エネルギーの世界で見ると、このメビウスの輪のサイクルは「一瞬」で起きるという事実があります。

もっと正確にいえば、このエネルギーサイクルは「無時間」でグルッと回すことが可能です。

まるで、メビウスの輪を両端からクシャッと折りたたむように時空を圧縮し、「無時間」で、「祓い・鎮魂・言霊」を起こせるようになるのです。

もちろん、最初からそれができる人はいません。しかし、鎮魂法を続けていけば、そのような意識の段階へとたどり着き、言葉によって現実が創れます。

これは、「超能力」や「説明不能な不思議な力」ではありません。脳を使った意識の訓練です。そして、無時間でこのサイクルを回せる意識状態になることで、時空を超えてブラックホールとつながることができるのです。

逆に、ブラックホールとつながれば時空が消えてしまいます。

もうおわかりだと思います。極論すれば、実際にはできるかどうかは二の次です。

「鎮魂法では、メビウスの輪（クラインの壺）のサイクルを無時間で回し、そこに必要な言葉（言霊）をのせることで、現実創造ができる」

この概念を、あなたの中にインプットしてください。

そうすれば、大きな意識の変化が起こり、脳の反応がよくなります。

そして、無時間でエネルギーが回る筋道ができていきます。

すでにお話ししたように、私たちの脳は銀河につながっています。これも合わせて意識しながら取り組みましょう。

瞬時に銀河の中心につながれるようになったとき、あなたは、ギャラクシー・コードの奥義をつかんだといえるでしょう。

「ふと思うは、神心」で「宇宙サイズ」の概念を受け取る

ここで、一言アドバイスさせてください。

これまでの章でも、新しい概念を次々にお伝えしてきましたが、鎮魂法は、ギャラクシー・コードの核心部分ですから、さらに飛躍した概念になります。「銀河サイズ」「宇宙サイズ」のスケールです。

また鎮魂法自体は、けっしてむずかしい技法ではありませんが、イメージを使うため、ある程度の修練は必要です。

実際に取り組むと、はじめのうちは戸惑ったり、むずかしいと感じたりするかもしれません。

しかし、**「自然体」で取り組んでいただきたいのです。**

あまりにも強い思いをもって「絶対に、ものにするぞ」「成功してみせる」といった姿勢でやってしまうと、我欲や執着を生むことになります。強い念をもって何かをやると、たいていうまくいきません。

これは、「がんばって修行をしなければ」「努力を重ねなければ」と力んでしまうと、かえって遠ざかってしまう世界です。

何が大切かというと、繰り返しになりますが、「自分はできないのではないか」「神になるなんてやっぱり無理」などの思いを祓い、素直に受け入れてみる。この姿勢です。

「ふと思うは、神心」という言葉が古神道には伝わっています。

物事に固執せず、ありのまま自然に進んでいけば、神々の心にかなった道を進めるのです。

欲をもつのは悪いことではありませんが、あくまでも自然体が基本。これを忘れずに、淡々と取り組んでいただけたらと思います。

これから、あなたは「神」として生きる感覚に変わる

なぜ、隠されてきたこの奥義をいま公開するのか。

この概念を知る人が増えれば増えるほど、人々の意識が変わり、銀河系文明への本格的な移行が進むからです。

すでに、多くの方の意識が変化しはじめています。

太陽系文明の価値観にがんじがらめになっている世界から抜け出しましょう。

銀河系文明へと進むと、まずそれまで縛られていた精神的な制約から自由になります。

人の意識や思考は、本人が考えている世界の中でしか展開できません。

しかし、新しい世界観、概念を得ると、それまでとはまったくレベルの違う変化が起こります。

自分自身の生き方も人生の可能性も、一気に変わる体験が起きるのです。

もっとも大きな変化は、「個人」として生きる感覚が薄れ、視野が広がって公的な生き方になること。**たとえるなら、「神」として生きる感覚に変わることでしょう。**

その世界にたどり着くと、これまでとあらゆる面で立場が逆転します。

たとえば、病気が「治る」という体験を飛び越えて、病気を「治す側」に。**夢がかなうのを「願う側」から「かなえる側」に。**そんな世界に行けるのだと、イメージしていただくといいでしょう。

残念ながら、太陽系文明でつちかってきた思考の範囲だけで、受け取ろうとすると既成概念から抜けられません。

でもたとえ一瞬であっても、もしそこから抜け出せたなら、あなたの世界はまったく新しいものに変わります。

さあ、銀河人＝ギャラクシアンになろう

さて、あなたは、いままでの話をどのような感覚で受け止めてくださっているでしょうか。いま、どんな感想や印象をもっていてもかまいません。ありのままを感じてみてください。

5章では、この次元の常識を飛び越えて、感性で理解していただく記述が続きました。しかし、あえてこのまま感覚的な表現を続けます。

あなたの感覚にこそ、真実を感知する力があるからです。

ギャラクシー・コードをつかむためには、どうすればいいのか。

要するに、脳を「ひっくり返せば」いいのです。

すると、実感するはずです。ブラックホールは自分のうちにすでにあったと。

別の言い方をすれば、もっとも遠くにあると思っていたものが、もっとも近くにあったと。

私たちが本当の意味で、そのことを理解したとき、自分自身がブラックホールとなります。ということは、みずからがプラズマの発生源になる。アメノミナカヌシと同じ創造神になるということです。

そのときあなたは、自分が銀河そのものであったと気づくでしょう。

そして、銀河人、ギャラクシアンとなった自分を知るでしょう。

銀河人になったあなたには、「遠く」も「近く」もありません。その両方が自身の内なる世界に統合されるのですから。

銀河人から言霊が発信されれば、それはプラズマとなって、瞬時に銀河全体に広がります。

鎮魂された状態で、望む現実を言霊として発信すると、ギャラクシー・コードが作動する。そのときあなたは、言霊がもつプラズマの威力を思い知るはずです。

ギャラクシー・コードとは、究極的に何を意味するのか。再度確認しましょう。

あなたは神を創る立場、つまり「神を創る神」になります。

いわば、宇宙の創造神アメノミナカヌシと同じ位置に行く教え。それが、私たちが太古から受け継いできた教えであり、銀河人となる教えなのです。

もちろん、いますぐ銀河人になれるわけではありません。

でも、大丈夫です。この「概念」をもっているだけでいいのです。

かつて、このような概念をもっていた人間が他にいたでしょうか。

神に頼ることはあっても、自分が「神を創る」など畏れ多くて、普通は考えつくことすらないはずです。

でも、それが可能であることは、あなたにはもうわかっていると思います。そして新しい概念が、その通りの現実を創造することも。

専門的な話になりますが、**言霊学には、目の前の事象に神の名前をつけることで、**

そこに神を出現させるという儀法があります。

簡単にしくみをお話しすると、たとえば、自分の近くにある空気に対して、「空気の神」と名付けます。すると、そこに空気の神がスッと立ち現れる。つまり、自分が主体となって、神を創る。そういったことが可能なのです。

言葉というものは、それだけの力をもちます。

言葉を使う人間は、可能性のかたまりでしかないということを、あなたはこれから実感することになるでしょう。

これからの時代に必須！　失われた「荒魂」が目覚める

これから、ギャラクシー・コードを使って人間本来の成功を実現するために、私たちが発動させるべきものがあります。

それは、五魂の中の「荒魂」です。

荒魂は、物事を実現していく荒々しさをもった魂。

「荒」は「現、在、顕、新、粗」などとも書き、「新しい」「生まれる」といった意味もあります。

新しいものが生まれるときは、エネルギーに満ちあふれ、荒々しい激しさも含んでいるものです。

しかしいま、私たち日本人の生き方を見ると、この荒魂は影をひそめています。代わりに、優位に立っているのが「和魂」です。

日本人は、「和を重んじる」「気遣いができる」「人に対して優しい」などと言われますが、これらはすべて、和魂の特徴です。

平和で経済的にも安定している時代であれば、和魂が優位であっても問題ありませんでした。

しかし、この変革の時代において、ただ優しいだけでは荒波にもまれてしまいます。

現に、いまの日本は諸外国の中で、経済的にも政治的にも存在感を失っています。

「でも、日本を代表するアマテラスオオミカミは、太陽のようにあたたかく優しい神様ではないか」と思うかもしれません。

たしかに、アマテラスオオミカミにはとてつもない包容力があり、人々を癒し守る力があります。それに異論はありません。

しかし、そのアマテラスオオミカミにも、荒魂の側面があります。にもかかわらず、戦後は和魂の側面だけが、ことさら強調されて伝わってきたのです。

アマテラスオオミカミの荒魂には、「破壊力」と呼んでもいいくらいの強烈な力強さがあり、『古事記』の中では、あの荒ぶる神スサノオノミコトの剣を粉々にするほどの恐ろしさを発揮します。**そのくらい大きな力がなければ、大事なものを守り、物事を成し遂げることができません。**

ただし、大切なのはバランスです。荒魂と和魂、それぞれの側面を上手に使いながら、進む必要があります。

いまの日本人は、あまりにも和魂の側面だけが前面に出ている。「いい人」を演じて、波風立たないように生きようとしている。それが問題なのです。

時代は変わりました。**脅すわけではありませんが、そのような生き方を続けていると、これから生き残れないばかりか、ギャラクシー・コードを起動させることもできません。**

なぜなら、荒魂と和魂のバランスが取れていなければ、「ゼロ」の状態が生まれないからです。先ほどお話しした鎮魂法では、エネルギー的に「ゼロ」にならなければ、時空間を超えられません。

ただし、この場合もまた、概念を「知って」おけばいいのです。

これからの時代には、荒魂をも発動させていくことが、あなたの生き方を変えていくでしょう。

銀河系文明に向かうための成功とは？

社会が変わり、経済も働き方も、家族や人間関係のあり方も劇的に変わる新時代に、結局どのような人が成功するのでしょうか。

それは、真面目な人、等身大で生きる人、親切な人です。

簡単な答えで拍子抜けしたでしょうか。

けれども、複雑を好むのは現代人だけで、**宇宙の法則そのものは案外単純にできています。**その法則にのっとった人がこれからの時代に活躍するのです。

このような人は、例外なく人から求められ、物事を成し遂げ、充実した人生を送れます。裏を返せば、このように生きられない人は、きつい言い方ではありますが、時代から取り残されていくでしょう。

それだけ自分自身の生き方が、はっきりと現実に反映されていく時代になるのです。

裏表なく、何事にも真面目にコツコツと取り組む。

自分自身の本質を知り、他人の評価にとらわれず、ありのままに生きる。

思いやりをもって他者を気遣い、見返りを求めずつくす。

別の言葉でいえば、それは地に足をつけて生きることであり、自分という軸を、自身の中心にしっかり据えて生きることです。

自分だけにフォーカスを当てていると、人生の可能性をせばめるのではないかという危惧は無用です。

「自分」の中心は、宇宙とつながっています。そこに意識を向けていくと、その意識が反転し、宇宙に広がります。

つまり、内側に意識を向けるのは、自分の中心に戻る方法でありながら、同時に、宇宙に広がっていく生き方でもあるのです。

とはいうものの、「正直者は損をする」という言葉があるように「真面目、等身大、親切」で生きると、経済的に成功できないのではと考える人もいるかもしれません。

しかし、それもまた、古い文明の枠にとらわれた考え方です。

自分の幸せだけを追い求めると、かえって成功は遠のきます。

もう、そのスタイルは人から応援されないし、銀河系文明の生き方とは、ほど遠いからです。

たしかにいままでは、自分の欲望を満たすためにしゃかりきになり、時には人を踏み台にして、のし上がっていく成功の仕方もありました。

ただしそれは、二項対立の中で成立した価値観にとらわれた「成功」に過ぎません。

「支配するもの」と「支配されるもの」の存在する世界で植えつけられた成功観ですから、安らぎもなければ幸福感も得られません。

等身大で、十分豊かに生きていけるのに、お金や権力や名声を得ようと「もっともっと」と望み、人から奪う。形だけの壮大な目標を追いかけて疲弊したり、他者から抜きん出ようと無理をしたりする。

そのような、うわべの成功を目指した生き方は、これから逆転します。

公のために生き、自分も周りの人も幸せにすることが、本当の成功につながると誰もが気づきはじめるからです。

これからは、人間本来の姿で生きる時代、つながり助け合い、みずからの能力を最大限に生かし切る時代です。

私たちは、古い二項対立の世界を軽々と超えていきます。

もう、未来がどうなるかと悩んだり、〝陰謀〟に振り回されたりすることもありません。もちろん、地球脱出を目論《もくろ》む必要もありません。

自分で自分の望む現実を創ればいいのですから。

ギャラクシー・コードという新しい概念をつかんだ人たちが、手を取り合って成功できる。自分自身の人生にも、そして、この地球にも、「奇跡」を起こせる。

そんな新しい文明に移行する時代が、すでに始まっています。

誰にも支配されない、何でもかなう世界

銀河の中心とつながり、「祓い、鎮魂、言霊」で自由自在に現実を創れるようになったあなたは、「成功」とは何かを知ることになります。

成功とは、誰にも支配されず、自分自身が自分の世界を支配することであると。

そして成功とは、争ったり比べたりする世界から自由になり、自我を超えて他者とともに豊かさを実現して生きることだと。

ギャラクシー・コードで銀河の中心にアクセスするとは、何でもかなう世界に生きるということ。そして、それが「とほかみえみため」の一語で表されるということで

す。

いまの世の中では、願いはなかなかかないません。もしかなったとしても、時間がかかり運や努力が必要です。またこの競争社会では、人を出し抜かねば勝てません。だから、人から奪おう、自分を守ろうという発想が生まれます。

また、必要以上に蓄財しなければ不安になります。

なぜそうなるのかというと、**自分が現実を創れると知らないからです。**

しかし、自分が望めばかなえられる世界に生きはじめると、どうなるでしょう。

たとえば、「車が欲しい」と思えば、譲ってくれる人が現れる。

お金が欲しいと望んだら、すんなり入ってくる。

普通に聞けばありえない話ですが、現実を創るとは、そういうことです。

神道でいえば、言霊には「結び」の働きがあります。

ギャラクシアン（銀河人）は、その結びの力を自在に使いこなせます。

ギャラクシアンにとって、「意志」とは「言葉」です。あらゆる「限界」は「言葉」で超えられます。

現実はみずからの意志でひっくり返せる

言葉で望めばかなうのですから、何かにこだわる必要はなくなります。

執着から自由になり、がんばって何かを獲得したり、無理を重ねたり、人より秀でようとしたりしなくてもよくなる。

すべてが、いまの逆になり、いまとはまったく違う世界に進むのです。

もちろん、支配も被支配もない、差別も貧困も、勝ち負けもない新しい世界、銀河系文明の世界へ。

このことを知っていれば、未来が圧倒的に輝いてくるのではないでしょうか。

しかし、このままなら「すごい話を聞いた」で終わりになってしまいます。

私がお伝えしたかったのは、単なる思考の遊びではありません。

自分らしくのびやかでありながら、これからの地球で、他者とつながり成功できる。その具体的な方法を確実にお伝えできたと、いま確信しています。

起きている事象がネガティブであればあるほど、ポジティブなほうへ振れたときのインパクトは大きくなります。

ネガティブな現実を逆吉へと転換するには、どうすればいいか。

現実は、みずからの意志でひっくり返せるのだと、私たち自身が知ることです。

現実を創る力を得た皆さんと古い文明を終わらせ、銀河系文明を築いていく。そんな新しい時代の訪れをひしひしと感じています。

現在私たちは、ギャラクシー・コードにつながる活動を「とほかみネットワーク」という具体的な形で展開しています。そうした活動を通じ、ギャラクシアンになった皆さんと、いずれどこかでお会いすることもあるでしょう。

そんな未来を予祝しつつ、本書をお手に取っていただいた皆さんと、そのきっかけを作ってくださったそれぞれのご先祖様に、心より感謝申し上げます。

大野靖志

大野靖志（おおの・やすし）

宮城県生まれ。早稲田大学商学部卒。

ユダヤ教をはじめ世界各国の宗教と民間伝承を研究後、白川神道、言霊布斗麻邇の行を通じ、新たな世界観に目覚める。

現在は、多彩な執筆活動と並行して、一般社団法人白川学館理事、ラボラトリオ株式会社代表取締役、neten株式会社顧問を務め、日本と米国に意識変容のためのデジタル技術を普及すべく、東京と山梨を拠点に、さまざまなプロジェクトに力を入れている。

著書に『とほかみえみため～神につながる究極のことだま～』（和器出版）、『あなたの人生に奇跡をもたらす 和の成功法則』『願いをかなえるお清めCDブック』（小社）などがある。


成功の秘密にアクセスできるギャラクシー・コード

2021年 1月20日 初版印刷
2021年 1月31日 初版発行

著　者　大野靖志
発行人　植木宣隆
発行所　株式会社 サンマーク出版
東京都新宿区高田馬場 2－16－11
（電）03－5272－3166
印　刷　三松堂株式会社
製　本　株式会社村上製本所

ISBN978-4-7631-3834-7 C0030

ホームページ　https://www.sunmark.co.jp

The Galaxy Code